EMPFEHLUNGEN

Nanette Blitz und Anne Frank, beide geboren im Jahr 1929, lernten sich in derselben Klasse im Joods Lyceum in Amsterdam kennen, welches 1941, während der deutschen Besetzung, für jüdische Kinder eröffnet wurde. Die Franks tauchten unter und die Familie Blitz wurde nach Bergen-Belsen deportiert. Kurz bevor Anne starb, sahen sie sich wieder—unter menschenverachtenden Umständen.

Nanettes berührende und erkenntnisreiche Memoiren sind eine Ergänzung von Anne Franks Tagebuch. Sie beantworten im erweiterten Sinne die Frage, welche sich Leser von Anne Frank unausweichlich stellen—was geschah danach?

Das Buch ist intelligent geschrieben, durchsetzt mit historischen Fakten und stellt legitime Fragen: Wie überwindet man solch eine Tragödie? Können Menschen aus der Geschichte lernen?

Ich kann Nanettes Buch von ganzem Herzen als Begleittext für das Tagebuch als Teil des Holocaust-Lehrplans empfehlen. Nanettes Erfahrungen in Bergen-Belsen spiegeln das, was auch Anne erfahren haben wird, auf eine Art und Weise wieder, die sowohl für die Holocaust-Bildung als auch für das Leben von Anne Frank von *großer Bedeutung ist.* **- Ronald Leopold, Leitender Direktor des Anne Frank Hauses in Amsterdam**

Es muss das Jahr 1997 gewesen sein, als ich Nanette Blitz Konig zum ersten Mal per Fax kontaktierte. Sie antwortete höflich, aber sehr vorsichtig; man hätte ihre Reaktion als Abweisung interpretieren können. Zu dem Zeitpunkt war sie noch nicht dazu bereit, über die Einzelheiten ihrer schmerzhaften Erfahrungen zu sprechen, definitiv nicht in Europa und vor allem nicht in den Ländern der Schuldigen. Außerdem wollte sie nur ungerne zu sehr in die Darstellung ihrer Klassenkameradin Anne Frank involviert werden, welche zu der Zeit auf eine beunruhigende Weise als Ikone betrachtet wurde, fast schon unabhängig vom Holocaust.

Heute, zwanzig Jahre später, präsentiert sie ihre Memoiren—zum Glück, möchte man sagen; denn Nanette hat, auf die für sie typische, präzise und faktengetreue Art, ein ehrliches, herausforderndes und trotzdem zugängliches Buch geschrieben, welches vieles von dem zum Vorschein bringt, was sie jahrzehntelang in ihrem Innern versteckt hielt. Als Nanettes Umfeld für Jahre nach dem Krieg nicht bereit war sich mit ihrem Leid auseinanderzusetzen, verlor sie die Hoffnung jemals verstanden zu werden und blieb stumm.

1999 hatte ich das Privileg Nanette endlich persönlich zu treffen und lernte sie in den darauffolgenden Jahren kennen—sie wandte sich zum ersten Mal an die Öffentlichkeit außerhalb ihrer Wahlheimat Brasilien und hielt zusammen mit mir eine Vorlesung, zu der wir beide von ihrer Enkelin Helene eingeladen worden waren, welche in dem Jahr als Studentin die Konferenz zum Thema Holocaust an der Universität Michigan Hillel leitete. Seitdem spricht Nanette regelmäßig in der Öffentlichkeit und erreicht unzählige Menschen auf der ganzen Welt, Kinder sowie

Erwachsene, und gibt ihnen zu verstehen, was die Nationalsozialisten den europäischen Juden im Zweiten Weltkrieg angetan haben.

Nanette hat die Grauen des Holocaust überlebt und bezeugt nun das Leid von Millionen ermordeten und verhungerten Unschuldigen. Trotz ihres schweren Schicksals lernte sie „ja" zum Leben an der Seite ihres wahrlich bemerkenswerten Ehemannes John zu sagen, welcher sie so liebevoll bei der Hand genommen hat. Ihre qualvollen Erinnerungen ließen sie trotzdem niemals los und ereilen sie noch heute mit all ihrem Schrecken, obwohl sie unter normalen Umständen allen Grund hätte jetzt glücklich zu sein.

Die Tatsache, dass Nanette sich dazu bereit erklärt hat, ihre schmerzhaften Erfahrungen und das einhergehende, tiefliegende Trauma mit der Welt zu teilen, ist das wahre, fröhliche Ende ihrer Geschichte. Ihr Buch kann als wertvolle, aufschlussreiche und bildende Fortsetzung für das Tagebuch von Anne Frank dienen, welche nicht die Chance hatte das Schreiben nach ihrer Gefangennahme und Deportation fortzusetzen. Gleichzeitig ist es eine eindringliche Warnung an uns alle und an eine Zeit, in der Geschichte so sorglos vergessen wird. **- Melissa Müller, Autorin von *Das Mädchen Anne Frank: Die Biographie*, erstmals publiziert im Jahr 1998, mit überarbeiteter und erweiterter Edition aus dem Jahr 2013. Sie lebt in München.**

HOLOCAUST MEMOIREN EINER BERGEN-BELSEN ÜBERLEBENDEN

KLASSENKAMERADIN VON ANNE FRANK

NANETTE BLITZ KONIG

ISBN 9789493322417 (eBuch)

ISBN 9789493322424 (Taschenbuch)

Verlag: Amsterdam Publishers, Niederlande

info@amsterdampublishers.com

Holocaust Memoiren einer Bergen-Belsen Überlebenden ist Teil der Serie Holocaust Überlebende erzählen

Copyright © Nanette Blitz Konig 2023

Übersetzung: Nino Raimondo Torricelli

Die englische Originalausgabe erschien 2018 unter dem Titel *Holocaust Memoirs of a Bergen-Belsen Survivor. Classmate of Anne Frank* (Amsterdam Publishers)

Alle Rechte vorbehalten. Kein Teil dieser Veröffentlichung darf reproduziert oder in irgendeiner Form oder in irgendeiner Weise, elektronisch oder mechanisch, einschließlich Fotoabbildungen, Filmaufzeichnungen oder andere Informationsspeicher- und Abrufsysteme, ohne vorherige Genehmigung des Verlages, in jeglicher Form oder auf irgendeine Weise, elektronisch oder mechanisch, weitergegeben werden.

INHALT

Vorwort	xi
1. Leben vor dem Krieg	1
2. Unsichere Zukunft	11
3. Erste Eindrücke von Bergen-Belsen	20
4. Alltag im Lager	36
5. Schwere Verluste	51
6. Wiedervereint mit Anne Frank	61
7. Die Befreiung von Bergen-Belsen	77
8. Rückkehr in die Niederlande	92
9. Ein neues Leben in England	107
10. Von vorne anfangen	121
Nachwort	129
Bilder	133
Amsterdam Publishers Holocaust Bibliothek	149

Ich widme dieses Buch meinen geliebten Eltern, Martijn Willem und Helene: Ich schulde euch mein Leben sowie die Liebe welche ich erhalten habe und bis heute spüren kann.

VORWORT

Leider gibt es keinen Knopf für das Löschen von Erinnerungen. Ich wäre gerne in der Lage alles, was ich erlebt und gesehen habe, zu vergessen, vor allem das viele Leid. Und das Leid existierte nicht nur in mir—es war auch um mich herum. Ich konnte das Leid einatmen; es war Teil meiner Welt. Doch dann halte ich inne und denke, was würde es bringen das alles zu vergessen? Was könnte ich dabei gewinnen? Frieden? Vielleicht, aber es wäre ein falscher Frieden, ein blinder Frieden, denn ich weiß, dass man durch das Vergessen erlaubt, dass andere die schlimmsten deiner Alpträume durchmachen. Ich erinnere mich, damit ich leben kann, denn vergessen bedeutet zu sterben und meine Familie für immer zu verlieren.

Wenn man an den Holocaust denkt, fragt sich jeder, wie wir es dazu kommen lassen konnten. Wie können Menschen zu solcher Brutalität bereit sein, zu solchem Mangel an Mitgefühl? Auch ich selbst frage mich das immer noch und ich glaube meine Familie—die, welche ich geschaffen habe, nachdem ich mich wieder zusammengesetzt habe als der Krieg vorbei war—fragt sich genau dasselbe. Geschichten aus den Konzentrationslagern bringen bei

Erwachsenen Alpträume hervor, als wären sie hilflose, kleine Kinder.

Und wenn Erwachsene schon Probleme haben das Ganze zu verarbeiten, wie ist es dann wohl für kleine Kinder? Mein Enkel kam einmal zu mir und fragte mich aus dem Nichts: „Oma, ist es wahr, dass die Deutschen den Juden Seife gegeben haben, um so zu tun als würden sie duschen dürfen, aber eigentlich wollten sie sie alle töten?" Geschichte konnte mich nie in Ruhe lassen; ich bin Geschichte. Ich nahm mir die Zeit, die Frage meines Enkels zu verarbeiten. Ich war vor Angst, dass er wegen mir seine Unschuld verlieren würde, paralysiert, doch was sollte ich ihm sagen? Er musste erfahren, was Horror war, und dass er leider in unserer Welt existierte. „Ja, es ist wahr", sagte ich zu ihm. „Deswegen müssen wir bis zum Ende kämpfen, damit sowas nie wieder passiert." In dem Moment musste ich meinen Stolz und die bittere Erinnerungen, an eine Zeit in der ein Leben in Schmerz die einzige Art zu leben war, runterschlucken.

„Damit sowas nie wieder passiert..." Zeit rinnt uns durch die Finger. Irgendwann wird der Holocaust nicht mehr sein als Teil einer fernen Vergangenheit, aber wir müssen ihn immer wieder in die Gegenwart zerren. Es ist traurig, doch die Welt leidet noch immer unter so vielen Kriegen. Ich werde nicht aufhören dafür zu kämpfen, dass kein Mensch so leidet oder seine Würde verliert, wie es damals den Juden geschah, wie es mir geschah. Der Drang diese Geschichte zu erzählen kommt von dem Drang die Welt darüber aufzuklären, was passiert ist.

Ich musste den Schmerz überwinden und hinter mir lassen. Ich musste meinen Kopf hoch halten und über die Tage sprechen, an denen ich den Mitgliedern der sogenannten „Herrenrasse" nicht einmal in die Augen gucken konnte. Ich habe lange und hart darüber nachgedacht, wie wichtig es ist meine Geschichte zu teilen, so schmerzhaft es auch sein mag, doch ich musste auf den richtigen Moment warten, auf die richtige Person.

Nach einer Reihe schicksalhafter Enttäuschungen und frustrierter Versuche habe ich Marcia Batista bei mir Zuhause willkommen geheißen. Sie hat mich dazu ermutigt diese Geschichten zu erzählen und sich als ideale Partnerin für dieses Projekt erwiesen, weil sie, wie ich, an die Notwendigkeit glaubt, zu denjenigen über den Holocaust zu sprechen, die nicht vertraut mit diesem Teil der Geschichte sind, welche nicht genug darüber wissen, die nicht akzeptieren oder—schlimmer noch—nicht glauben können, dass es passiert ist. Wir waren der Meinung über diese dunkle Periode der Weltgeschichte aufklären zu müssen, egal wie viele Versuche es brauchen würde, damit keine Leben mehr an Ignoranz oder Intoleranz verschwendet werden. Dies ist unser Kampf, dies ist unser Vermächtnis.

Meine Intention mit diesem Buch ist es nicht Sie zum Lesen einer Geschichte mit glücklichem Ende einzuladen. Ich lade Sie dazu ein, eine Zukunft zu erleben, welche vielleicht Heiterkeit und Harmonie bringen kann. Auf diesen Seiten werden Sie über Ereignisse lesen, die für immer in meinem Gedächtnis leben, wie ein Film auf Endlosschleife—Ereignisse, welche bis heute meine Träume heimsuchen.

Ich könnte niemals stumm bleiben nach alldem, was geschehen ist, nach alldem, was ich überlebt habe und bezeugen kann. Der Preis für Freiheit ist ewige Wachsamkeit. Wie der spanische Philosoph und Poet George Santayana einst sagte: „Diejenigen, die sich nicht der Vergangenheit erinnern, sind verurteilt, sie erneut zu durchleben."

Nanette Blitz Konig (links) und Anne Frank (rechts) auf der jüdischen Schule (Joods Lyceum, Stadstimmertuin) Amsterdam, 1941-42.

1 LEBEN VOR DEM KRIEG

Können wir je den Moment voraussehen, an dem unsere Leben auf den Kopf gestellt werden, wenn alles vertrauliche plötzlich vergeht? Könnte ich je den exakten Moment ausmachen, an dem mein Leben sich für immer wendete? Manchmal denke ich an meine Kindheit und erinnere die Zeit, die ich mit meinem Vater, meiner Mutter und meinen zwei Brüdern verbracht habe. Dies sind so ferne Erinnerungen, dass ich mein Bestes dafür tun muss, zu verhindern, dass meine Schwarz-Weiß-Fotos auf ewig verblassen. Ich frage mich manchmal, ob es diese Tage wirklich gegeben hat oder sie nur Teil eines Märchens sind, welches andere mir erzählt haben—vielleicht eine Krankenschwester nach dem Krieg—damit ich schnell von den dunklen Momenten genesen konnte.

Meine Fotos zeigen mir, dass ich noch alle meine Sinne beisammen habe und, zu meiner Erleichterung, tatsächlich diese Zeiten erlebt habe. Ich nehme mir ein Bild und sehe, wie glücklich meine Eltern an ihrem Hochzeitstag waren. Dies waren solch schöne Momente voller Liebe und ich bin froh, dass ich sie noch nicht vergessen habe. Kindheit erinnert mich an Lächeln, Lachen, Leichtigkeit und

Freiheit. Heitere Gesichter, welche zur Nichtexistenz verdammt wurden, nur weil sie als Juden geboren sind. Das waren die Zeiten, die viele von uns hinterfragen lassen, wieso wir so geboren sind. Nicht weil wir nicht lieben, wer wir sind; jüdisch zu sein erfüllt uns mit Stolz und wir können nichts anderes sein. Trotzdem, die Zweifel bleiben: Warum wir? Warum haben sie das *uns* angetan?

Unsere Geschichten werden nie nur unsere sein. Meine Geschichte, Nanettes Geschichte, ist mit einer größeren Geschichte verflochten, der Geschichte der Juden im Zweiten Weltkrieg. Meine Erlebnisse zu verstehen bedeutet die Historie Europas zu verstehen, die Historie der damaligen Welt. Wie viele millionen Leben wurden in jener Zeit auf den Kopf gestellt? Es war der 10. Mai 1940, der mein Leben für immer veränderte. Hitler fiel mit seiner mächtigen Luftwaffe in den Niederlanden ein und hatte in nicht mehr als ein paar Stunden die wichtigsten Teile des Landes eingenommen. Die Niederlande waren Ziel des Führers geworden, weil sie nah an Frankreich gelegen waren, einem der größten Feinde Nazi-Deutschlands. Die niederländische Regierung stand der deutschen Invasion chancenlos gegenüber und kapitulierte innerhalb von fünf Tagen, wodurch es sein Volk den Nazis überließ. Es war der Anfang vom Ende.

Jedoch blieb es friedlich bis Hitler eintraf. Ich bin am 6. April 1929 in Amsterdam, der Hauptstadt der Niederlande, als Kind eines niederländischen Vaters und einer südafrikanischen Mutter geboren.

Helene, meine Mutter, war eine Frau, die ihrer Zeit vorrausging und als Sekretärin gearbeitet hatte bevor sie meinen Vater heiratete. Als mein Großvater mütterlicherseits verstarb, begann eine ältere Schwestern meiner Mutter—insgesamt waren es vier—als Lehrerin zu arbeiten und trug zum Einkommen des Haushaltes bei, was von einer ihrer Tanten unterstützt wurde. Schon bald ermutigte sie ihre jüngeren Schwestern Sekretärinnen zu werden und mit dem Arbeiten anzufangen—es war definitiv ein

Haus voller moderner Frauen. Meine Mutter heiratete im Alter von fünfundzwanzig und blieb auch als Hausfrau und Mutter eine starke Frau. Eines ihrer größten Vermächtnisse ist die Bildung, die sie ihren Kindern ermöglichte. Ihre Hingabe und Lehren zeigten mir einen Weg den ich folgen konnte, selbst als es unerträglich wurde zu leben.

Ich lernte den Tod in jungen Jahren kennen und verstand früh, wie er unsere Leben verändern kann. Willem, mein jüngerer Bruder, wurde mit einem Herzfehler geboren und starb im Alter von vier Jahren. Meiner Mutter war bereits bewusst gewesen, dass es passieren würde und hatte sich selbst und uns Kinder darauf vorbereitet. Ich erinnere mich an einen Tag, kurz nach dem Tod meines Bruders, als sie sagte: „Nanne, meine Liebe, eines Tages werden sie ein Heilmittel finden. Leider lebte Willem nicht lang genug, um es zu erleben. Wenn du später mal ein Kind hast, mach dir darum keine Sorgen." Der Tod meines kleinen Bruders war der erste große Verlust meines Lebens.

Mein Vater war eine ebenso bewundernswerte Person wie meine Mutter. Martijn Willem war Niederländer und schon immer ein vielversprechender junger Mann gewesen. Im frühen zwanzigsten Jahrhundert war es nicht die Norm ein Universitätsdiplom zu besitzen, also besuchte er die Wirtschaftshochschule in Amsterdam. Schon bald arbeitete er für die Bank von Amsterdam und wurde, Stück für Stück, zu Positionen mit höherer Verantwortung befördert, bis er schlussendlich Direktor wurde. Er war hochintelligent und sprach mehrere Sprachen. Eines Tages, als er von einer Geschäftsreise in Skandinavien zurückkam, sagte er: „Nanne, wenn ich das nächste Mal dort hingehe, kann ich deren Sprache sprechen." Ich hatte keine Zweifel, dass er das schaffen würde.

Sie waren liebevolle Eltern und versuchten immerzu meinem Bruder und mir auf ihre eigene Art und Weise beizubringen, wie man eine verantwortungsvolle Person wird. Lernen und gute

Noten bekommen? Das war nicht *ihre* Verantwortung. Wir waren es, die zu wissen hatten, wann wir Hausaufgaben machen mussten, wann wir für einen Test lernen sollten, und wie wir uns verbessern konnten. Wenn ich an die glücklichen Zeiten zurückdenke, die wir miteinander geteilt haben, dann kann ich ihnen nicht genug dafür danken, wie sie sich entschieden haben uns aufzuziehen. Die Konzentrationslager waren Orte an denen die Nazis die Juden ausrotten wollten. In ihren Augen gab es dort keine Familien oder Menschen. Ich war nicht Martijn und Helenes Tochter; ich war nur eine weitere Gefangene ohne Gesicht, ohne Namen, ohne jegliche Rechte. Wie hätte ich jemals ein solches Lager überleben können, wenn meine Eltern mir keine Eigenständigkeit beigebracht hätten?

Während der Grundschule war das Leben normal. Die „Rassentrennung" hatte noch nicht begonnen, daher gingen Christen und Juden weiterhin in die selben Klassen. Noch lebten wir in Frieden und ich erfreute mich dessen sehr. Obwohl ich nicht oft Ärger bekam, muss ich jedes Mal schmunzeln wenn ich an jene Zeit denke, denn ich war bei weitem kein braves Kind—ich habe meine Eltern bestimmt ab und zu in den Wahnsinn getrieben. Ich erinnere mich daran in meiner Kindheit auf das Dach geklettert zu sein und Äpfel vom Baum der Nachbarn gegessen zu haben. Ich war ein wildes Kind. Mein Bruder, Bernard Martijn, war zwei Jahre älter und anständiger als ich. Es ist schwer zu glauben, dass ich diejenige von uns beiden war, die eine Dame hätte sein sollen.

Wir lebten in einem großen, dreistöckigen Haus. Ich hatte Spaß am Turnen und erfreute mich beim einstudieren meiner Routinen an dem ausgiebigen Platz. Stellen Sie sich meine Mutter vor, wie sie mich zum Abendessen rief, während ich an den Turnringen hing... Man muss das Beste aus den guten und fröhlichen Zeiten machen! Man weiß nie, was als nächstes kommt und wir hätten uns nicht vorstellen können, was uns schon bald geschehen sollte.

Ich hatte auch Freude am Lesen von Büchern, Zeitungen und allem sonst, was ich in die Finger bekam! Früh morgens ging ich häufig zur Haustür hinunter, schnappte mir die Zeitung meines Vaters und las die Schlagzeilen auf dem Weg zurück nach oben. Warum er sich wohl nie gewundert hat, wieso ich so lange brauchte, um die Treppen hochzugehen? Vielleicht hat er das, aber er mochte wahrscheinlich die Tatsache, dass seine Tochter an den Geschehnissen der Welt interessiert war und so aufgeschlossen war wie ihre Mutter.

Heute verstehe ich, dass meine Eltern uns ermutigt haben unsere eigenen Meinungen zu bilden und uns nicht die Sichtweisen anderer aufzwingen zu lassen, vor allem wenn es welche waren, die die Welt davon abhielten sich weiterzuentwickeln. So sind sie zum Beispiel auch an Religion herangegangen. Wir waren nie traditionelle, orthodoxe Juden. Tatsächlich sagte meine Mutter oft, dass sie es bevorzugte Dinge nicht zu übertreiben und mein Vater war ein geborener Liberaler. Trotzdem bedeutet das nicht, dass unsere Bildung nicht auch von religiösen Prinzipien geformt wurde. Mein Vater ließ mich fünf Jahre bei einem jungen Rabbi lernen, da er es für wichtig hielt, dass ich unsere Geschichte verstand. Wir gingen nicht regelmäßig in die Synagoge. Doch wann immer es notwendig war, war mein Vater mehr als in der Lage eine *Minjan* abzuhalten, ein öffentliches Gebet, welches ein Quorum von zehn erwachsenen, jüdischen Männern erfordert.

Die Jahre zogen vorbei und Dinge veränderten sich. Ich erinnere mich an den November 1938, die Kristallnacht, als jüdisches Eigentum geraubt und Synagogen in ganz Deutschland verbrannt wurden. Hitler hatte eindeutig begonnen seinen Plan die Juden zu verbannen und zu vernichten in die Tat umgesetzt. Doch in den Niederlanden war man sich der heraufziehenden Gefahr weiterhin nicht bewusst. Da wir während des Ersten Weltkrieges neutral geblieben waren, glaubte jeder das Selbe könne noch einmal passieren.

Zusätzlich zur Neutralität im Ersten Weltkrieg galten die Niederlande auch als eine Art sicherer Hafen, da der Antisemitismus dort eher versteckt existierte. Natürlich gab es Antisemitismus, aber er war nicht so ausgeprägt wie zum Beispiel in Polen, wo Hitler die Saat offensichtlich auf fruchtbarem Boden gesät hatte. Als er „Mein Kampf", welches er während seiner Zeit im Gefängnis verfasst hatte, im Jahr 1925 publizierte, traf seine Botschaft über uns „Parasiten" dort auf Zustimmung. Außerdem war Deutschland seit dem Ersten Weltkrieg finanziell, politisch und sozial geschwächt gewesen und alle Parteien waren bereit ihre Rolle einzunehmen. Ich erinnere mich daran, wie mein Vater sagte: „Ich bin ein Bankdirektor, obwohl ich Jude bin."

Nach dem 10. Mai 1940 hatte keiner mehr irgendwelche Zweifel: Die Situation würde für die jüdische Gemeinschaft in den Niederlanden nur schlimmer werden. Die Nazis etablierten kurz darauf, dass alle Niederländer ihre Dokumente aktualisieren mussten und anzugeben hatten, ob sie Juden waren. Meine Familie und ich unterzeichneten unser Todesurteil am 22. März 1941.

Jene Dokumente sowie die Administration aller Ghettos in Polen, in denen die Juden regelrecht in Gefangenschaft lebten, wurden von den sogenannten Judenräten beaufsichtigt, welche das Naziregime unter Zwang zusammengestellt hatte. Diese Institutionen spielten eine kontroverse Rolle im Holocaust.

Mit der Zeit wurden die Juden an den Rand der Gesellschaft gedrängt und ich sah zu, wie mir meine Freiheit genommen wurde. Das Leben für jeden in den Niederlanden, einschließlich des meinen, hatte sich zum Schlechten gewendet. Zum Ende des Jahres 1940 waren Juden im öffentlichen Dienst sowie jüdische Lehrer bereits gefeuert worden. Schon bald kamen weitere Maßnahmen hinzu, um uns von den anderen Niederländern abzugrenzen und uns zu zeigen, dass wir kein Recht hatten in den Niederlanden zu leben.

Es war mir nicht mehr erlaubt mein Fahrrad zu fahren. Wir wurden von den öffentlichen Verkehrsmitteln, Parks und Kinos ausgeschlossen. Zu meinem großen Leid hatten viele Geschäfte Schilder mit den Worten „Juden verboten" aufgehängt. Wenn wir zu den wenigen Orten gingen an denen wir noch erlaubt waren, mussten wir unser gelbes Abzeichen tragen, den Davidstern, welcher uns immerzu hervorhob und wegen dem ich mich extrem verletzlich fühlte.

Außerdem war es Juden verboten Geschäfte zu besitzen und sogar Berufe auszuüben war ihnen nicht mehr erlaubt. Obwohl die Bank alles versuchte einen so wichtigen Angestellten zu halten, wurde auch mein Vater leider schlussendlich entlassen. Ich kann noch immer nicht glauben, wie verrückt das alles war. Jedoch wusste ich damals nicht, dass das Ganze mit dem Fortschreiten von Hitlers Plänen noch so unglaublich viel schwieriger zu verstehen sein würde.

Mit deutscher Präzision sammelten die Nazis genug Informationen über die Juden in den Niederlanden, um mit deren Peinigung fortzufahren. Zum Ende des Jahres 1941 ließ man Juden wissen, dass sie sich die Schule, auf die sie gingen, nicht mehr aussuchen durften. Fünfundzwanzig jüdische Schulen wurden in den Niederlanden eröffnet und ich musste eine davon besuchen. Ich erinnere mich nicht daran, wie ich mich fühlte, als ich davon erfuhr. Es war schlichtweg, was wir tun mussten, also taten wir es. Aber versuchen Sie sich ein zwölfjähriges Mädchen vorzustellen, welches die Welt mit Neugier betrachtete, welches begonnen hatte Dinge über sich selbst zu erfahren und nun abrupt sein gesamtes Leben umkrempeln musste. Es wurde mir verboten meine christlichen Klassenkameraden zu sehen; Ich durfte nicht zu ihnen nach Hause oder ihre Geburtstage mitfeiern. Wir mussten es einfach akzeptieren, als ob die Deutschen Götter gewesen wären, die unser Leben bestimmten und mit unserem Schicksal spielten. Von Angst angetrieben akzeptierten viele Niederländer diese

Entscheidungen ohne sie zu hinterfragen oder zu protestieren. Es gab nichts, was wir hätten tun können, also mussten wir einfach weiter so unser Dasein fristen.

Eben auf dieser neuen jüdischen Schule war es, dass ich ein hübsches, hageres Mädchen mit einem einnehmenden Lächeln kennenlernte, welches mit ihren Geschichten und intelligenten Worten jedermanns Aufmerksamkeit auf sich zog. Durch reinen Zufall gingen Anne Frank und ich auf die selbe Schule und in die selbe Klasse. Dort waren wir alle Juden, Lehrer sowie Schüler, was während des Krieges alles dramatischer machte.

In unserem ersten Jahr waren wir dreißig Schüler in meiner Klasse; im zweiten Jahr nur noch sechzehn. Leute fingen einfach an zu verschwinden, ohne, dass man je wieder von ihnen hörte oder über sie sprach. Versteckten sie sich oder sind sie deportiert worden? Ende Juli 1942 machte die niederländische Presse bekannt, dass die Nazis entschieden hatten Juden nach Deutschland in Arbeitslager zu schicken.

Wir lebten in ständiger Angst, dass einer von uns oder unseren Angehörigen weggeschleppt werden würde. Du wachtest eines Tages auf und deine Cousins waren verschwunden; am nächsten Tag war deine Großmutter wie vom Erdboden verschluckt. Es waren traumatische Zeiten.

Selbst unter diesen Umständen des kollektiven Leids und der ständigen Sorge, schafften wir es in der Schule vereint zu bleiben. Wir nahmen war, dass es schwere Zeiten der Angst und Unterdrückung waren und genau deswegen wollten wir die Dinge nicht noch schlimmer machen oder uns voneinander abwenden. Die Harmonie, welcher der Welt fehlte, wurde von einer Gruppe jüdischer Kinder, keines davon älter als vierzehn, weiterhin voll ausgelebt.

Eines Tages verschwand auch Anne Frank. Sie und ihre Familie tauchten Anfang Juli 1942 unter und lebten in einem geheimen

Hinterhaus der Firma ihres Vater, Opekta, welche Zutaten für Fruchtmarmelade herstellte. Man erzählte sich, dass sie geflohen seien, aber keiner wusste es genau.

Als Anne und ich zusammen auf die jüdische Schule gingen, lud sie mich auf ihre dreizehnte Geburtstagsfeier ein. Ich erinnere mich an eine Werbung über Marmeladenherstellung vor einem Rin-Tin-Tin-Film —Filme wurden damals in Dosen gelagert. Draußen herrschte Krieg, also gab es für uns nur sehr bescheidene Knabbereien und wir mussten um acht Uhr abends zuhause sein. Einige Biographen haben fälschlicherweise geschrieben, dass ich Anne ein Lesezeichen geschenkt habe. Die Wahrheit ist aber, dass sie von mir eine Brosche erhalten hat—ich erinnere mich noch als wäre es gestern gewesen. Ich habe auch den Moment mitbekommen an dem sie ihr geliebtes Tagebuch bekam, welches später so berühmt wurde. Keiner im Wohnzimmer der Franks hätte jemals erahnen können, dass diese gebundenen Blätter Papier eines Tages Wörter beinhalten würden, die Leser weltweit berühren. Es gab so vieles, das sich keiner von uns in diesem Raum vorstellen konnte. Anne träumte davon Schriftstellerin zu werden, aber nichts von dem, was später Realität wurde, war Teil solcher Träume gewesen—was noch kommen sollte erfüllte unsere schlimmsten Alpträume.

Ende September 1943 wurde unser Schlaf eines Morgens von einer grausamen Realität unterbrochen. Jemand klopfte so hart an unsere Tür, als hätten sie versucht sie einzuschlagen. Ich erinnere mich nicht, ob meine Mutter oder mein Vater die Tür öffnete. Alles, was ich noch weiß, ist, dass ich hören konnte, wie mein eigener Herzschlag lauter und lauter wurde, und ich mich fürchtete, jemand anderes könnte ihn auch hören und sich daran stören. Plötzlich standen wir vier vor den Nazis. Wir wussten nicht, was wir tun sollten, als sie uns anbrüllten und mit den wenigen Klamotten und Besitztümern, die wir noch greifen konnten, aus unserem eigenen Haus scheuchten. Puls, die

Umzugsfirma, welche die Nazis anheuerten, um die Heime deportierter Juden auszuräumen, kam später vorbei und nahm all unser Hab und Gut an sich.

Bis heute kann ich nicht verstehen, wie Hitler damit davon kam. Er verwandelte Männer und Frauen in brutale Tiere ohne jede Menschlichkeit. Das ist nur eines der vielen Dinge die ich noch immer nicht begreifen kann. Während die Nazis noch nach den letzten versteckten Juden jagten, wurden die Niederlande im September 1943 zu einem judenfreien Land deklariert.

2 UNSICHERE ZUKUNFT

Hitler spielte mit uns. Nachdem er mit Hilfe der Judenräte die nötige Infrastruktur aufgebaut und Juden von den öffentlichen Verkehrsmitteln ausgeschlossen hatte, verfrachtete er mich und meine Familie in eine Straßenbahn und schickte uns in unsere unsichere und hoffnungslose Zukunft. Was außer Angst hätte ich da fühlen können? An nichts anderes kann ich mich aus dieser Zeit so klar erinnern wie an dieses Gefühl. Angst war mein ständiger Begleiter geworden.

Anders als viele andere niederländische Juden hatte mein Vater nie in Betracht gezogen mit unserer Familie unterzutauchen. Um ein Versteck zu finden, brauchte man Geld und musste denjenigen vertrauen, die einem halfen—und es gab immer die Möglichkeit betrogen und deportiert zu werden. Hinzu kam, dass die Dauer des Krieges für jeden ein Rätsel war. Wie lange hätten wir versteckt bleiben müssen? Er vertraute stattdessen den Worten und der Gutmütigkeit einer Anwältin und meinte es sei genug um sich sicher zu fühlen.

Die Geburtsurkunde meiner Mutter (von der sie zu dem Zeitpunkt keine Kopie mehr hatte) wurde in Südafrika ausgestellt und machte keinerlei Aussage zu ihrer Religion. Da das Dokument sie nicht als Jüdin identifizierte, versicherte uns die Anwältin, dass sie uns Unterlagen besorgen könne, die uns helfen würden. Dafür zahlten wir einen hohen Preis. Sie gab uns die Unterlagen nicht und verriet uns stattdessen an die Nazis, so wie sie es schon mit so vielen anderen Familien getan hatte.

Es ist erstaunlich, wie der Krieg sowohl das Beste als auch Schlechteste im Menschen zum Vorschein bringen kann. Leider zeigten uns die Ereignisse, die wir erlebten und bezeugten, meistens die schlechten Seiten. Jene, die sich versteckten, waren nie sicher, da sie fürchteten gefunden und für Geld den Nazis gemeldet zu werden. Was soll ich sagen? So war der Krieg.

Nachdem wir gefangen genommen wurden, führte man uns durch verlassene Straßen zu einer Bahnstation in Amstel. Wieso uns keiner half? Wieso niemand etwas tat? Weil alle unglaubliche Angst hatten. Einem Juden zu helfen bedeutete damals die Todesstrafe. Keiner kam uns zur Hilfe und wir erreichten die Bahnstation.

Ein Zug kann einen an viele Orte bringen: Urlaub, Geschäftsreisen, der Besuch von Verwandten. Doch diese Bahn würde uns gegen unseren Willen zu unserem schrecklichen Schicksal führen. Unser Ziel war Westerbork, ein Übergangslager in der Provinz Drenthe im Nordosten des Landes. Die Niederlande sind klein und so blieb unsere Reise kurz, nicht mehr als ein paar Stunden. Ich erinnere mich an die Wachen, die mit uns im Zug waren. Sie stellten sicher, dass wir nicht flüchteten und auch wirklich unser Ziel erreichten, als ob wir die schlimmsten Kriminellen der Welt waren.

Das Westerbork-Lager war 1939 von der niederländischen Regierung gebaut worden, um jüdische Flüchtlinge aus

Deutschland zu empfangen, welche in stetiger Angst vor den Nazis lebten. Es wurde ein sehr nützlicher Ort für die abartigen Interessen der Deutschen. Zum Ende des Jahres 1941 entschlossen sie, dass Westerbork der ideale Platz für ein Übergangslager für niederländische Juden auf dem Weg zu den Vernichtungslagern war. Im Juli 1942 hatten die Deutschen die Kontrolle über den Ort erlangt und ihren Plan in die Tat umgesetzt; ein kurzer Stopp in Westerbork bevor man in den Tod geschickt wurde.

Der Zug brachte uns direkt in das Lager. Westerbork war ein trostloser Ort, eine trübe, graue Landschaft, ganz anders als die Stadt, die wir verlassen hatten, wo ich so lange mein Leben in Freiheit genossen hatte. Doch wenn ich an diese Zeit zurückdenke, dann erinnere ich mich an die Tage nach meinem kurzen Aufenthalt in Westerbork und weiß jetzt, dass es im Vergleich dazu ein besserer Ort zum Leben war.

Das Lager hatte eine Hauptstraße mit Baracken auf beiden Seiten. Ich blickte mich um und sah einige Wachen und Wachtürme. Es war die düstere, einsame Kulisse eines Gefängnisses. Wer bezahlte das alles? Tatsächlich waren wir es, denn die Instandhaltung und Ausweitung des Lagers wurde mit den konfiszierten Besitztümern der Juden finanziert.

Wir trafen mit unseren wenigen Habseligkeiten ein und wurden zur Registration gebracht. Dort sollten wir unseren Namen nennen und woher wir gekommen waren, obwohl wir nicht einmal wussten, was wir da sollten. Dieser Prozess wurde in allen von den Nazis geführten Konzentrationslagern für diejenigen wiederholt, welche nicht schon bei ihrer Ankunft in die Gaskammer geschickt wurden—zumindest wenn man in einem Vernichtungslager landete. Ironischer Weise war es eben dieses System, welches es überlebenden Angehörigen nach dem Krieg erlaubte die letzten Schritte ihrer Verwandten zurückzuverfolgen.

Während wir den Registrierungsprozess durchmachten, waren meine Familie und ich kaum in der Lage zu sprechen. Mein Bruder, der von sich aus schon eine stille Person war, war extrem verängstigt. Unsere Besorgnis spiegelte sich auf unseren Gesichtern wieder.

Anders als denjenigen, die vor ihrer Gefangennahme untergetaucht waren, wie es Anne Frank und ihre Familie getan hatten, bis sie im August 1944 in ihrem Versteckt gefunden wurden, war es uns erlaubt unsere eigenen Klamotten zu behalten. Flüchtige wurden als „Verdammte Juden" betrachtet und mussten blaue Overalls sowie Holzschuhe tragen. Außerdem mussten sie in einem Strafblock verbleiben, wurden zur Arbeit unter schlimmsten Bedingungen gezwungen und bekamen kleinere Essensrationen. Annes Familie musste alte Batterien auseinandernehmen. Was der Zweck ihrer Arbeit war? Das wussten wir nicht, so wie wir den Zweck vieler Arbeiten, welche den Juden in den Konzentrationslagern zugeteilt wurden, nicht kannten.

Nach dem Registrierungsprozess schickte man uns zu den Baracken. Meine Mutter und ich mussten in die Frauenunterkunft, mein Vater und Bruder in die Männerunterkunft. Obwohl wir in unterschiedlichen Gebäuden schliefen, hatten wir tagsüber ein wenig Freiheit, um Zeit miteinander zu verbringen, was wir so oft wie möglich ausnutzten. Wir schliefen in Hochbetten, ein Luxus verglichen mit den Umständen, die wir später aushalten mussten, oder der Situation derer, die in der Lage gewesen waren Gaskammern in Auschwitz zu überleben.

Westerbork kam mir wie ein paradoxer Ort vor, da dort tausende Flüchtlinge unterschiedlicher Herkunft verblieben. Weil es ein Übergangslager war, waren viele der Insassen nur kurz da. Gleichzeitig waren dort Menschen, die Gemeinschaften gebildet und ein zuhause gefunden hatten. Es gab zum Beispiel Schulen, ein Theater, Krankenhäuser und noch mehr Gebäude in denen

Juden arbeiteten und lebten, weil sie schon seit Eröffnung des Lagers da waren.

Niederländische Juden, welche deportiert werden sollten, verbrachten dort nicht mehr als ein paar Tage, manchmal Wochen. Wir trafen auf Leute, die wir aus Amsterdam kannten, verloren aber schnell wieder den Kontakt, weil sie kurz darauf in einen Zug in Richtung ihrer schlimmsten Alpträume einstiegen. Meine Familie und ich blieben dort für eine längere Zeit, was uns Hoffnung gab und gleichzeitig Tag für Tag nervöser machte—und ich weiß noch, wie endlos mir diese Tage manchmal vorkamen.

Aufgrund des Respekts, dem man meinem Vater zollte, kamen unsere Namen auf die Palästina-Liste, welche unter anderem dazu diente Juden mit deutschen Kriegsgefangenen auszutauschen. Dies gab uns ein Fünkchen Hoffnung, dass wir eines Tages weit weg von jenem Ort sein würden, weit weg von dem ganzen Unheil. Die Hoffnung entpuppte sich später als Illusion.

Wir hatten genug zu essen, genug um nicht zu verhungern. Aber wir hatten den Komfort unseres Zuhauses verloren. Wir mussten in langen Schlangen stehen, um unser Essen an Heizungen aufzuwärmen und waren sogar im Winter gezwungen kalte Duschen zu nehmen. Statt Badezimmern hatten wir Latrinen. Das alles durchzumachen veränderte meine Wahrnehmung von Hygiene. Leider konnten wir nichts dagegen tun, außer uns extrem unbehaglich zu fühlen.

Ich arbeitete nicht in Westerbork, half aber häufig dabei auf die Kinder aufzupassen, welche dann eines Tages zusammen mit ihren Eltern ihrem schicksalhaften Ende entgegen gingen. Zumindest waren Kinder noch in der Lage ab und zu Spaß zu haben. Wir sangen und spielten mit ihnen, erfüllten die farblose Einöde mit ein wenig Fantasie. Die Erwachsenen taten, was sie konnten, um uns zu beschützen.

Mein Bruder und ich, sechzehn und vierzehn Jahre alt, waren keine Kinder mehr. Die Welt um uns herum hatte uns schneller Erwachsen werden lassen, als es für Jugendliche unseres Alters natürlich gewesen wäre und wir taten alles in unserer Macht stehende, damit sich unsere Eltern keine Sorgen um uns machten. Irgendwann hörten wir Gespräche mit, aber wir verstanden nicht alles. Während unserer Zeit in dem Übergangslager ging mein Vater einige Male nach Amsterdam. Was er da wohl gemacht hat? Ich weiß es nicht und seine Ausflüge bleiben für mich bis heute ein Rätsel.

Westerbork war ein vergleichsweise ruhiger Ort. Jedoch war dies nur eine Illusion, um uns Juden in Sicherheit zu wiegen und uns für den widerlichen Plan der Deutschen gefügig zu machen. Anders als in Konzentrationslagern waren nur wenige Nazis zu sehen und diese waren nur für die Bewachung des Außenbereiches zuständig, während die niederländische Polizei für die Ordnung im Inneren bereit stand. Ich glaube die Nazis waren nur da um sicher zu stellen, dass deportierte Individuen auch wirklich zu ihrem Zielort weitergesendet wurden. Da einige Juden nur für sehr kurze Zeit da waren, haben sie wahrscheinlich nie richtig mitbekommen, wie das Leben in dem Lager war.

Trotz unseres scheinbar annehmbaren Lebens war unser Alltag von Sorge geprägt. Jeden Montag wurden Namen laut vorgelesen, um diejenigen zu informieren, welche sich für die Deportation melden sollten. Es war schrecklich!

Wer seinen Namen hörte verfiel der Verzweiflung und jene, die verschont blieben seufzten erleichtert auf. Wir wussten nie, wohin wir gebracht werden würden, und die Ungewissheit war unerträglich, da wir bereits von der Existenz der Vernichtungslager wussten.

Unsere Erleichterung hielt jedoch nie länger als eine Woche, da am nächsten Montag wieder neue Name aufgerufen wurden und wir einmal mehr mit aller Macht hoffen mussten, dass der Name unserer Familie nicht zu hören sein würde. Alle die zu den Vernichtungslagern gebracht werden sollten, mussten am nächsten Tag im Innenhof sein und für die Abreise mit dem Zug bereit stehen. Wenn ich jetzt darauf zurückblicke, kann ich mir nichts groteskeres Vorstellen: Familien, welche das wenige an Besitz, was sie noch hatten, zusammensammelten, nur um dann in den Tod geschickt zu werden. Was für eine Art von Menschlichkeit soll das sein?

Anne Frank musste die selbe Routine durchmachen: Ihr Name wurde aufgerufen und sie wurde einem Zug zugewiesen, welcher am 3. September 1944 nach Auschwitz abreiste. Es war eines der letzten Transportmittel in den Niederlanden, das noch zu einem der gefürchtetsten Lager fuhr und die gesamte Familie Frank wurde zusammen mit vier weiteren Leuten, mit denen sie ihr Versteck geteilt hatten, dorthin gebracht.

Die Abläufe im Westerbork-Lager wurden aus der Distanz von Albert Gemmeker geleitet, ein deutscher Lagerkommandant und eine Figur, welche bis heute ein Mysterium darstellt. Er förderte das Ausleben von Kultur innerhalb des Lagers und wurde nie dabei gesehen Gefangene zu bestrafen—woran deutsche Wachen normalerweise Spaß zu haben schienen. Er war jeden Dienstag vor Ort und betrachtete ruhig und aufmerksam, was genauso gut die Anfangsszenen aus einem Horrorfilm hätten sein können.

Aufgrund der schlechten Hygienebedingungen bekam meine Mutter Läuse. Die Lager waren mit Läusen verseucht und es war extrem zermürbend mit diesen ekelhaften Insekten Leben zu müssen ohne etwas dagegen tun zu können, ohne Medizin oder die Möglichkeit sauber zu bleiben. Meine Mutter erlitt deswegen einen Nervenzusammenbruch.

Wenn ich an diese langen Tage denke, in denen wir darauf warteten, dass etwas passierte, verstehe ich noch immer nicht, wie ich in der Lage war nach Vorne zu schauen. Die Zukunft war ein großes Fragezeichen. Was ich mit Sicherheit wusste war, dass sie mich aus meiner Schule und aus meinem Leben gerissen und brutal aus meinem Haus gezerrt hatten und dass ich nun auf eine Zukunft wartete, die keinerlei Anzeichen für Optimismus gab. Wie sollte ich darauf reagieren? Wie sollte ich diese endlosen Tage überstehen? Worauf konnte ich für mein Leben danach hoffen?

Meine Anspannung und Angst waren so überwältigend, dass ich eines Tages plötzlich inmitten des Lagers in Ohnmacht fiel. Ich verlor abrupt mein Bewusstsein und bekam Hilfe von einer älteren Frau. Als ich zu mir kam, war sie dabei sanft mein Gesicht zu tätscheln, damit ich aufwachte. Vielleicht fiel ich auch wegen unserer prekären Umstände in Ohnmacht, aber sicherlich waren meine durchgehend angespannten Nerven der Hauptgrund. Wollte mein Körper helfen diesem Alptraum zu entfliehen?

Und so lebten wir unser Leben in Westerbork: Wir hielten unsere Familie auch unter diesen Umständen beisammen und versuchten die belastenden Gedanken von uns fern zu halten. Endlose Monate vergingen bis zum Winter 1944. Was das Ganze noch betrüblicher machte, war die Tatsache, dass wir weder heißes Wasser, noch irgendetwas anderes hatten, um uns vor der Kälte zu schützen. Wäre es besser für uns gewesen dort bis zum Ende des Krieges zu verweilen? Zumindest hätten wir da überleben können. Doch die Deutschen hatten nicht vor uns überleben zu lassen.

Am 14. Februar 1944 warteten wir einmal mehr darauf die Namen derer zu hören, die ins Ungewisse geschickt wurden. Dieses Mal blieb meiner Familie der Moment der Erleichterung verwehrt: Martijn Willem, Helene, Nanette und Bernard sollten am nächsten Tag zur Deportation bereit stehen. Die Routine wurde in unserer Abwesenheit weiter durchgeführt, bis der letzte Zug am 15. September 1944, gefüllt mit nur ein paar Menschen, von Westerbork in Richtung des Bergen-Belsen-Lagers abfuhr und mindestens tausend Gefangene im Übergangslager zurückließ.

Viele hatten diesen Ort so schnell verlassen, aber meine Familie und ich waren vier Monate dort gewesen. Ich konnte nicht wissen, ob unsere Abreise das Ende oder nur der Anfang sein würde. Wir waren Protagonisten jenen entsetzlichen Schauspiels geworden, welches ich schon so oft bei anderen mit angesehen hatte. Mit Anspannung und Angst warteten wir auf den Zug. Ich hoffte er würde niemals kommen, dass wir niemals gehen würden. Doch so sollte es nicht kommen. Der Zug kam und wir mussten einteigen.

Was wir in diesem bedeutenden Moment fühlten? Ein wenig Erleichterung, da wir wussten, dass wir nach Bergen-Belsen gebracht wurden, ein Konzentrationslager, welches dafür bekannt war bessere Bedingungen zu haben als die anderen. Aber diese Erleichterung war nur von kurzer Dauer—von diesem Tag an sollte es keine sorglosen Momente mehr geben.

3 ERSTE EINDRÜCKE VON BERGEN-BELSEN

Wir wussten nicht, was wir von Bergen-Belsen zu erwarten hatten. Wir waren in der Lage gewesen Monate in Westerbork zu verbringen, ohne in unmittelbarer Lebensgefahr zu schweben. Würden wir in Bergen-Belsen das selbe „Glück" haben? Einmal mehr waren wir auf dem Weg an einen unbekannten, von den Nazis kontrollierten Ort, welcher sicherlich keine gute Umgebung für Juden darstellte.

Wir reisten auch diesmal in einem regulären Zug. Später erfuhren wir, dass dies ein „Privileg" war, da Juden auf dem Weg zu den Vernichtungslagern in Viehwagen transportiert wurden, ausgestattet mit Eimerlatrinen und ohne jegliches Essen—wahrlich unmenschliche Bedingungen. Außerdem mussten Züge in Richtung Westen längere Strecken zurücklegen und brauchten Tage bis zur finalen Ankunft.

Unser Zug war von einer Stille erfüllt, die lauter schrie als Worte dazu in der Lage gewesen wären. Alle fürchteten sich davor über unser Unheil zu reden. Wenn jemand sprach, dann nur kurz. Seit Anbeginn der deutschen Besetzung hatte meine Mutter mich und meinen Bruder gewarnt vorsichtig zu sein, was wir sagten, denn—so erklärte sie es uns—„die Wände haben Ohren".

Unser Ziel war Deutschland, das gefürchtete Territorium des Feindes. Man gab uns während der Reise kein Essen. SS-Soldaten in schwarzer Uniform und Militärstiefeln waren unsere Begleitung. Sie strahlten etwas unheimliches aus, als ob sich ihre Gesichter niemals entspannten und ihr finsterer Blick nie veränderte. Ihre Gürtel trugen die Inschrift „Gott ist mit uns". Was für ein Gott war das? Es konnte nur ein boshafter Gott sein, wie Hitler, welcher alles erdenkliche tat, um seinen Anhängern gehorsam zu lehren.

Die SS, die *Schutzstaffel*, wurde im Jahr 1925 als Eliteeinheit zum Schutz von Adolf Hitler ins Leben gerufen. Was war nötig, um Teil dieser Truppe zu werden? Natürlich akzeptierte Hitler nicht einfach jeden. Wer für die Sicherheit des Nazi-Führers verantwortlich sein wollte, musste zur „arischen Rasse" gehören und der Nazi-Partei leidenschaftliche Loyalität beweisen. Es ist nicht überraschend, dass das Motto der SS „Meine Ehre heißt Treue" war. Hitler war offensichtlich nicht auf der Suche nach regulären Soldaten, sondern nach Anhängern, die in der Lage waren sein System am Laufen zu halten.

Ab dem Jahr 1929 stand die SS unter dem Kommando von Heinrich Himmler, ein Mann genauso abartig wie Hitler selbst. Himmler war eine der wichtigsten Personen in der Nazi-Partei, auf einem Level mit Hermann Göring (Oberbefehlshaber der Luftwaffe), Joseph Goebbels (Reichspropagandaleiter) und Martin Bormann (persönlicher Sekretär des Führers). Die Eliteeinheit war zuerst klein, wuchs aber bald unter Himmlers Kommando und nahm andere Organisationen innerhalb der Partei in sich auf. So erhielt die SS, oder Himmler, die Kontrolle über Konzentrationslager im Jahr 1939 und über Vernichtungslager im Jahr 1941. Es wird angenommen, dass die SS im Verlauf des Zweiten Weltkrieges etwa eine Millionen

Mitglieder hatte. Ohne sie hätte Hitler seinen widerlichen Plan nicht umsetzen können.

Auf unserer Reise nach Deutschland konnten wir uns nicht vorstellen, was das für Wachen waren, die uns da begleiteten und wozu sie in der Lage waren. Aber für ein vierzehnjähriges Mädchen reichten ihre ernste Haltung und düsterer Blick aus, um verängstigt zu sein. Sie waren sicherlich nicht dort um sich mit uns anzufreunden.

Ähnlich wie in den Niederlanden ist die deutsche Landschaft im Sommer sehr idyllisch. Doch es war Winter und das Grau der Umgebung wurde von unserer seelischen Unruhe unterstrichen. Der Zug rollte die schienen entlang und Bilder aus der Vergangenheit ereilten mich: die Urlaube, die wir in der Schweiz verbracht hatten, unsere Besuche bei Verwandten in England, die Spiele, welche ich und mein Bruder einst gespielt hatten. Würden wir je wieder frohe Momente haben? Würden wir jemals wieder ein normales Leben leben, zurück in unserem Haus? Würde ich erwachsen werden, studieren und Arbeit finden? Man konnte es nicht wissen.

Ich hatte ein unwohles Gefühl im Bauch als wir deutsches Territorium erreichten. Dort hatte alles begonnen. Dort hatten deutsche Bürger im Jahr 1933 einen Anführer demokratisch erwählt, welcher davon predigte, dass das Land alles ausmerzen musste, was unrein war—einschließlich der Juden. Was würden sie uns dort antun? Menschen mit solch hübschen, heiteren Gesichtern, mit scheinbar süßen Kindern, welche lächelten und spielten... Wie konnten sie uns etwas schlimmes antun?

Als der Zug sein Ziel erreichte, fing mein Herz an schneller zu schlagen. Es ist eine Sache sich vorzustellen, was vielleicht passieren wird, doch wenn deine Vorstellung zur Realität wird, kannst du nichts anderes machen als weiter zu gehen. Hätten wir versuchen können wegzulaufen? Würden die SS-Wachen uns eine

Möglichkeit zur Flucht geben? Aber um genau das zu hindern, waren auch auf dem Zug SS-Männer postiert. Ab und zu versuchten verzweifelte Gefangene zu fliehen, nachdem sie durch die schmalen Lücken in den Viehwagen erkannten, dass sie in Polen und auf dem Weg nach Auschwitz-Birkenau waren. Flüchtenden wurden Gliedmaßen abgetrennt oder sie wurden getötet. Die Chancen erfolgreich davonzukommen waren so gut wie null.

Wir kamen nicht, wie in Westerbork, in einem Lager an. Wohin sollte es von hier aus gehen? Was hatten wir zu erwarten? Alle erhoben sich von ihren Sitzen und sammelten ihre wenigen Besitztümer zusammen. In einer Art Trance bewegten wir uns zum Ausgang, weil uns nichts anderes übrig blieb. Was hätten sie getan, wenn ich rebelliert und mich geweigert hätte auszusteigen? Was wenn ich mich auch nur für eine Sekunde nicht bewegt und einen Trotzanfall gehabt hätte, wie es für eine Jugendliche üblich gewesen wäre? Ich bin mir sicher, dass ich jetzt nicht hier wäre. Es gab keinen Platz für Ungehorsam in Nazi-Deutschland.

Als wir aus dem Zug stiegen war mir als würde ich einen Stromschlag erleiden. Die Realität präsentierte sich vor meinen Augen. SS-Soldaten standen ruhig in einer Reihe, wie an einem ganz normalen Arbeitstag, und hatten ihre riesigen, grimmigen Deutschen Schäferhunde an ihrer Seite. Diese Hunde stellten das Schrecken selbst dar. Sie bellten, starrten uns mit dämonischem Blick an und lechzten danach zu beißen. Ich hoffte von ganzem Herzen, dass sie sich nicht befreien und meiner Familie und mir zu nahe kommen konnten.

Von dem Moment an verstanden wir welche Rolle die SS-Wachen spielten. Sie waren darin ausgebildet uns so lange wie möglich zu erniedrigen und zu quälen. Das war der erste große Unterschied zu Westerbork, wo nur ein paar Nazis vor Ort waren und uns so gut wie nie plagten. Doch in den Konzentrationslagern hatten die Deutschen das Sagen, nicht die niederländische Polizei oder deutsche Juden. Meine Angst und Anspannung verstärkten sich nur nach dieser ersten Konfrontation.

Die SS-Soldaten näherten sich mit ihren Hunden und brüllten uns auf Deutsch an. Sie beleidigten uns und zwangen uns in einer Reihe zu gehen, da wir bis Bergen-Belsen einen langen Weg vor uns hatten. Wir formten hastig eine Schlange und warteten darauf, dass sie uns in die richte Richtung führten. Keiner wagte es zu protestieren und wir blickten zu Boden, um Augenkontakt untereinander zu vermeiden.

Es war ein maßgeblicher Moment. Wir waren aus unserem Haus gezerrt worden, mussten Monate in Westerbork verbleiben ohne zu wissen, was die Zukunft bringen würde—was schon genug Grund zur Sorge war—aber wir hatten überlebt. Jetzt kam die wirkliche Realität zum Vorschein. Ich ging als Teil der Reihe, mit diesen Bestien, die darauf trainiert waren jeden anzugreifen, der sich nicht an die Anweisungen hielt, Seite an Seite mit Männern, welche keinerlei Anzeichen zeigten, dass sie jemals etwas tun würden, um uns zu helfen. Es gab keinen Platz mehr für hoffnungsvolle Illusionen.

Wir waren in Norddeutschland, nahe Hannover und Celle—ein mittelalterlicher Ort mit Schlössern und Kleinstadtatmosphäre. Nichts von dem, was wir durchmachten, hatte Ähnlichkeit mit den Leben der so unweit von uns entfernten deutschen Bürger. Waren sie daheim und nahmen gemütlich eine warme Mahlzeit zu sich? Konnten sie einfach zuhause sitzen, ohne behelligt zu werden? Ja, das konnten sie.

Wir hatten zu dem Zeitpunkt bereits verstanden, dass man uns das Recht zu einem normalen Leben genommen hatte und dass dieses Konzentrationslager das Wort „Komfort" für immer aus unserem Vokabular streichen würde. Seit dem Verlust unseres Hauses gab es keine Hoffnung mehr für uns.

Wir durchquerten eine Winterlandschaft voller kahler Bäume und dem Rauschen des Windes. Der kalte Winter war kurz davor sich von uns zu verabschieden und Platz für den Frühling zu machen. Die Szenerie war sicherlich schön—so schön, dass dort keine schlimmen Dinge hätten passieren dürfen.

Nur den deutschen Wachen und ihren Hunden war es erlaubt Geräusche von sich zu geben; uns wurde verboten zu sprechen und wir durften nicht fragen, wohin wir gingen oder was sie mit uns vorhatten. Das Recht zu protestieren oder uns zu beschweren hatte man uns genommen.

Meine Eltern waren in meiner Nähe und sahen sehr besorgt aus. Kinder betrachten ihre Eltern als einen sicheren Hafen, eine Versicherung, dass alles in Ordnung sein wird. Wenn etwas schlimmes passiert, dann wissen sie zu wem sie rennen und an wessen Schulter sie sich ausweinen können. Doch fanden wir uns in einer Situation wieder, in der unsere Eltern selbst wie hilflose Kinder um ihr Leben fürchteten, ohne etwas dagegen tun zu können. Im Angesicht dessen konnte ich mich nicht auf sie verlassen. Ich war von da an auf mich alleine gestellt. Jedoch hatte ich keine Ahnung, was das bedeutete und wie viel Eigenständigkeit ich beweisen müssen würde.

Wir liefen länger als eine halbe Stunde und es schien niemanden zu kümmern, dass wir nichts gegessen hatten, seitdem wir von Westerbork abgefahren waren. Manchmal verlieren wir Menschen den Glauben, dass wir die Kraft haben die Umstände, welche uns aufgezwungen werden, durchzustehen. In solchen Situationen können wir nichts tun außer weiterzumachen. Natürlich kann das unerträgliche auch unüberwindbar werden—das war etwas, was ich in Bergen-Belsen lernen sollte.

Nach allzu vielen angsterfüllten Schritten erreichten wir endlich das Lager. Ich hörte das Schlurfen unserer Füße. Ich blickte auf die Schienen. Seit dem Aufruhr, welcher Westerbork jeden Dienstag erfüllte, weil Gefangene zu Arbeitslagern geschickt wurden, konnte ich Bahnschienen nichts Gutes mehr abgewinnen. Heute weiß ich, wie sehr ich damit im Recht war. Jene Schienen stellten den Verfall der Juden in Europa dar.

Schon auf den ersten Blick sah Bergen-Belsen nach einem schlechten Ort aus. Die Landschaft war nicht schön anzuschauen —oder schön zum Leben. Es war ein weitläufiges Gelände mit mehreren von Stacheldraht umgebenen Baracken. Ein fürchterlicher Anblick. Wozu brauchten sie das alles? War es da, um Menschen in Bergen-Belsen zu beschützen oder, um ihnen wehzutun? Auf jeden Fall konnte es nichts Gutes bedeuten.

Bergen-Belsen setzte sich aus mehreren durch Stacheldraht voneinander getrennten Lagern zusammen. Es umspannte ein sehr großes Areal und ich fragte mich, wo wir wohl landen würden. Sowie wir uns näherten, wurde mir sofort klar, dass die Tage, welche wir hier verbringen würden, alles andere als angenehm und unser Leben nicht leicht sein würde. Als ich die Wachtürme und die SS-Soldaten mit ihren Waffen betrachtete, konnte ich mir nicht vorstellen, dass wir diesen Ort je verlassen sollten. Ich fragte mich, ob ich eines Tages wieder ein normales Haus haben würde, in einem Umfeld, in dem ich mich nicht wie einer der schlimmsten Menschen auf der Welt fühlen würde, als ob wir durch unsere Existenz allein ein Verbrechen begangen hätten. Ich bin mir sicher, dass keine der jüdischen Familien wussten, was auf sie zukam, und nicht viel von ihrer Zukunft erwarteten.

Ich kann nicht sagen, ob ich bereits realisiert hatte, was das Leben in einem Konzentrationslager für mich bedeuten würde. Einen solchen Ort kann man nur verstehen, wenn man dort gelebt hat. Und selbst dann kann man es nicht wirklich begreifen.

Damals machten die meisten unserer Bekannten, Verwandten und Freunde dasselbe durch wie wir und durchlebten dieselbe Routine in den Lagern—wenn sie denn nicht schon tot waren. Das

Deportieren begann in den Niederlanden im Juli 1942 und wurde auch in vielen anderen Ländern durchgeführt.

Zu Beginn agierte Nazi-Deutschland vorsichtig und versteckte seine Absichten noch hinter Lügen und Beschönigungen. Sie verkündeten, dass Juden in Arbeitslager geschickt werden würden und scheinbar wussten Leute nicht, was das bedeutete. Mit der Zeit führten sie zusätzliche Maßnahmen durch und es wurde klar, was sie zu erreichen suchten und zu wie viel Grausamkeit sie dabei bereit waren.

Als Hitler die Macht ergriff, kümmerte er sich um das „Judenproblem" zunächst im praktischen Sinne und nur innerhalb von Deutschland. Juden mussten sein Land verlassen, so wie es die Franks getan hatten, welche im Jahr 1933 von Frankfurt in die Niederlande geflüchtet waren, weil sie sich dort in Sicherheit gewogen hatten. Ein paar Monate später nahm die Idee Wiedersacher des Regimes—oder jene, welche als Wiedersacher betrachtet wurden—einzusperren jedoch endgültig Form an. Das Dachau-Lager wurde in einer ehemaligen Schießpulverfabrik nahe der deutschen Stadt Dachau eröffnet. Roma, Homosexuelle und Juden wurden dorthin gebracht. Mit dem Eskalieren des Krieges und Deutschlands Invasion verschiedener europäischer Länder, begannen die Nazis sich um das „Judenproblem" auf kontinentaler Ebene zu kümmern.

Vor allem in osteuropäischen Ländern, wie Polen und der Sowjetunion, welche von intensivem Antisemitismus ergriffen waren, wurde die Situation heikel. Hitler hatte den Molotow-Ribbentrop-Pakt unterzeichnet, ein Nichtangriffspakt mit der Sowjetunion, welcher im Jahr 1939 ratifiziert wurde. Jedoch wurde die Abmachung im Juni 1941 von den Nazis ignoriert, um ihre eigenen Ambitionen zu erfüllen. Deutsche Truppen fielen in sowjetischem Territorium ein, welches sich unter dem Kommando von Josef Stalin befand. Nach der Invasion hatte Himmler die Aufgabe das besetzte Areal zu sichern und die Autorität jeden zu eliminieren, der sich den deutschen Plänen in den Weg stellte—eine Situation, die noch sehr dramatisch werden sollte.

Vernichtungslager mit Gaskammern wurden zuerst in Polen etabliert. Zunächst wurden Gefangene durch das einatmen von Kohlenstoffmonoxid aus Dieselmotoren getötet. Aufgrund des Bedarfs nach effektiveren Vernichtungsmaßnahmen begannen die Nazis Zyklon B zu benutzen, ein Ungezieferverichtungsmittel, dessen Gas aus Pellets trat und beim Menschen zum Tod durch innere Erstickung führte. So wurden in Lagern wie Majdanek, Treblinka und Auschwitz-Birkenau tausende von Gefangenen gleichzeitig getötet. Nazi-Anführer kamen am 20. Januar 1942 in der Wannseekonferenz zusammen, um die „Endlösung" zu besprechen, welche das Ziel hatte die Juden auszuradieren. Als wir in Bergen-Belsen, einem dieser vielen Konzentrationslager der Nazis, ankamen, war uns das Ausmaß dieses Plans nicht bewusst.

Zur selben Zeit waren meine Großmutter und einige Cousins und Cousinen bereits nach Sobibor deportiert worden, einem Vernichtungslager in Polen, wo einige Gefangene später versuchen sollten auszubrechen—der einzige Versuch dieser Art. Sie hatten geplant alle Wachen zu töten und wegzulaufen. Am 14. Oktober 1943 wollten sie den Plan in die Tat umsetzen, doch nachdem nur ein paar der SS-Soldaten ausgeschaltet wurden, schlugen die anderen Wachen Alarm. Nur wenige schafften es erfolgreich zu flüchten, der Rest wurde wieder eingefangen und getötet. Jene, die nicht versucht hatten zu flüchten und im Lager geblieben waren, wurden ebenfalls von der SS ermordet. Schließlich hätten Überlebende der Außenwelt erzählen können, was für Grauen ihnen angetan wurden. Weil wir uns die schriftlichen Aufzeichnungen angucken konnten, wissen wir heute, dass meine geliebte Großmutter am 23. April 1943 nach Sobibor deportiert wurde und dort verstarb.

Während des Krieges hatten wir jedoch keinerlei Möglichkeit zu erfahren, was jenen geschehen war, die in andere Lager geschickt worden waren. Der Mangel an Informationen war schrecklich für uns. Menschen verschwanden einfach. Menschen, die wir liebten, die wir jeden Tag gesehen hatten, und es gab nichts, was wir dagegen tun konnten. Wir begannen uns vorzustellen, was ihnen wohl passiert sein könnte, aber es gab keine Spuren, die man hätte verfolgen können. Wir machten dasselbe durch und unsere Zukunft war genauso unsicher. Was würde *uns* passieren?

Für jüngere Generationen mag es sich komisch anhören, dass wir damals nicht wussten, was vor sich ging. Man darf nicht vergessen, dass das andere Zeiten waren und das Kommunizieren nicht so einfach war wie heute. Konzentrationslager, insbesondere Vernichtungslager, wurden an abgelegenen, unwirtlichen Orten platziert. Außerdem gab es nichts, was du tun konntest, wenn jemand mit einer Waffe vor deiner Haustür stand, wenn so viele Menschen und das Gesetz selbst gegen dich waren. Sich zu wehren war keine Option. Die Nazis wollten keine Spuren hinterlassen und anderen die Möglichkeit geben ihre Pläne zu vereiteln.

Man kann sich nicht vorstellen, wie sehr deine Angst ins unermessliche steigen kann, wenn du siehst, dass die Menschen, die du liebst, so hilflos sind wie du selbst. Als wir Bergen-Belsen betraten, überkam mich ein Gefühl des Schreckens, denn ich realisierte, dass ich um mein Leben kämpfen müssen würde und mir gleichzeitig immerzu Sorgen um die Sicherheit meines Vaters, meiner Mutter und meines Bruders machen würde. Wir mussten zusammen bleiben, zusammen weiter machen und uns gegenseitig beschützen bis sich unsere Situation änderte. Wann würde dieser grässliche Krieg, der über das verwüstete Europa hinweg zog, endlich enden?

Das Bergen-Belsen-Lager wurde im Jahr 1940 erbaut und wurde zunächst exklusiv für Kriegsgefangene benutzt. Im April 1943 übernahm Himmlers SS die Kontrolle und machte daraus erst ein Wohnlager und später ein Konzentrationslager.

Diese Lager waren in kleinere Lager unterteilt und operierten zu unterschiedlichen Zeitpunkten. Wohnlager waren bis April 1945 in Benutzung und in vier kleinere Lager unterteilt: Sonderlager, Neutralenlager, Sternlager und Ungarnlager. Im Sonderlager verblieben Juden mit Immigrationsausweisen aus anderen Ländern, vor allem aus Südamerika. Die meisten, die dort landeten, überlebten nicht und viele wurden nach Auschwitz-Birkenau geschickt, wo sie dann in Gaskammern verendeten. Das Neutralenlager nahm europäische Juden auf, die aus Ländern kamen, welche während des Krieges neutral geblieben waren, wie zum Beispiel Spanien und die Türkei. Die Bedingungen in diesen Lagern galten als gut und man erzählte sich, dass Gefangene dort unter weniger Grausamkeit litten.

Das Sternlager war größer als die anderen und empfing Juden, die auf der Palästina-Liste standen—theoretisch herrschten für sie auch gute Bedingungen. Die Deutschen betrachteten Juden dort als „Handelsware" und mussten sie angemessen behandeln, um sie erfolgreich eintauschen zu können. Außerdem wollte Deutschland das Rote Kreuze von diesen Lagern fernhalten, um tun zu können, was auch immer es wollte, und sich vor der Vergeltung anderer Länder oder jeglichem Schaden an seinem weltweiten Ansehen zu schützen. Im Ungarnlager landeten ungarische Juden, die Himmler ebenso für Geld oder Güter eintauschen wollte.

Gefangenenlager setzten sich aus dem ursprünglichen Gefangenenlager, einem Erholungslager, kleinem Frauenlager, Zeltlager und großem Frauenlager zusammen. Diese Gelände waren nicht miteinander verbunden und Gefangene konnten sich nicht frei zwischen ihnen bewegen. Dementsprechend war es gut möglich, dass man jemanden kannte, der im selben Lager lebte wie man selbst, und man trotzdem nie auf diese Person traf. Nach dem Krieg blieb ich im Kontakt mit mehreren Bekannten, die auch mit mir in Bergen-Belsen gewesen waren, doch war uns das damals nicht bewusst. Der ganze Ort war wie ein riesiges Gefängnis.

Obwohl wir uns nicht in einem Vernichtungslager befanden, bemerkte ich, dass es dort ein Krematorium gab. Und wenn es an einem Ort ein Krematorium gibt, heißt das, dass man nicht davon ausgeht, dass Menschen dort lange überleben.

Nach unserer Ankunft im Lager nahmen wir eine kalte Dusche. Nie zuvor hatte ich mich so sehr geschämt. Wir alle mussten uns ausziehen und vor anderen Menschen duschen, egal wie unwohl und verletzlich wir uns dabei fühlten. Heißes Wasser, gute Seife, ein Handtuch zum abtrocknen? Das waren Luxusgegenstände zu deren Nutzung wir nicht mehr das Recht hatten. Mit der Art und Weise, wie man uns dort behandelte und beschimpfte, wurde uns sofort klar gemacht, dass man uns Juden die Würde nehmen wollte. Deine Geschichte, wer du warst und was du erreicht hattest, war ohne Bedeutung; wir waren nichts weiter als abstoßende Parasiten.

Nach dem Duschen wurden wir zur Registration geschickt. Eines der ersten Dinge, die mir in Bergen-Belsen auffielen, war, dass keine Vögel zu sehen oder hören waren. Es war merkwürdig, da es auf dem Gelände viele Bäume und grüne Felder gab und die Natur trotzdem kein Lebenszeichen von sich gab. Aber welcher Vogel hat schon Interesse an Stacheldraht, Wachtürmen, Waffen und angsterfüllten Gesichtern? Dies war kein Ort für schönen Vogelgesang. Die Natur selbst äußerte ihren Unmut angesichts der Gräuel, die in Bergen-Belsen begangen wurden und wandte sich von diesen entsetzlichen Zeiten ab.

Bei der Registrierung mussten wir unseren Namen nennen und woher wir gekommen waren. Kümmerte es sie wirklich, dass mein Name Nanette Blitz war, dass ich in den Niederlanden geboren wurde und dass ich gerne turnte? Kümmerte es sie, dass mein Vater ein intelligenter Mann war und bis jetzt eine vielversprechende Karriere hatte? Nein, das alles war ihnen völlig egal. Wir waren nur eine weitere Zahl in ihrem gewaltigen Projekt.

Da wir auf der Palästina-Liste standen, wurden wir in das Sternlager geschickt, welches nach dem selben Davidstern benannt wurde, der uns als Juden auszeichnete. Dort durften wir unsere eigenen Klamotten behalten und uns wurden nicht die Haare abrasiert oder Nummern auf die Haut tätowiert. Man betrachtete uns als privilegiert und es gab die Möglichkeit, dass wir für etwas eingetauscht werden würden und man uns weit von Bergen-Belsen wegbringen würde. Jedoch entpuppte sich diese Möglichkeit als Illusion, denn nur sehr wenige Gefangene wurden auf diese Weise erfolgreich befreit.

All jene, die in anderen Lagern landeten, durften ihre Kleidung nicht behalten und mussten etwas tragen, das aussah wie gestreifte Pyjamas. Können Sie sich vorstellen, wie es war, jeden Tag dieselben Klamotten zu tragen? Es wurde mit der Zeit immer abstoßender. Obwohl ich selbst diese Uniform nicht tragen musste, ist das wahrscheinlich der Grund, wieso ich bis heute keine Streifen trage. Das ist nur eines von vielen verrückten Dingen, die sich nach meiner Zeit im Konzentrationslager in meinem Gedächtnis festgesetzt haben.

Wie ich bereits anmerkte, war Westerbork von deutschen Juden geleitet worden, während Bergen-Belsen unter der Kontrolle von Himmlers SS stand, welche für ihre Grausamkeit bekannt war. Dort hatten wir keinen Kommandanten wie Gemmeker, der sich in Westerbork Theaterstücke von jüdischen Insassen angeschaut hatte. Von dem Moment in dem wir aus dem Zug stiegen, während des langen Marsches und der Registrierung, schien alles einer strikten Methode zu folgen, sogar die Respektlosigkeit mit der man uns behandelte. Es wurde uns klar, dass dort nichts improvisiert wurde. Wir fanden uns in einer gut geölten Maschine wieder, in der jeder genau wusste, was er zu tun hatte, umgeben von wahren Robotern, die blind Hitlers Strategie und Doktrin folgten.

Nach dem Duschen und Registrieren wurden wir in unser Lager geschickt und Baracken zugeteilt. Meine Mutter und ich waren zusammen in einer Baracke, mein Vater und Bruder in einer anderen. Männer und Frauen mussten wieder getrennt schlafen. Ich hatte mir wirklich gewünscht, dass wir zusammenbleiben konnten, um mich sicherer zu fühlen. Wann immer wir getrennt waren, machte ich mir Sorgen um meinen Vater und meinen Bruder.

Mir fiel schnell auf, dass unsere Baracke größer war als die in Westerbork, doch lebten dort auch mehr Frauen. Es war ein großes Gebäude, mit vielen Etagenbetten, die Seite an Seite standen. Auch hier gab es keinerlei Privatsphäre. In unserem alten Haus hatte ich ein Zimmer ganz für mich allein, mit einem warmen, sauberen und gemütlichen Bett. Was wir in Bergen-Belsen hatten waren harte, nur mit Stroh ausgelegte Holzbetten. Stroh wie aus Tierställen, denn was anderes verdienten wir nicht.

Ein Großteil jener, die in dem Sternlager lebten, waren aus den Niederlanden. Es gab auch Insassen mit anderen Nationalitäten, wie zum Beispiel Tunesier, Jugoslawen und Franzosen, aber nicht viele. Konzentrationslager waren wie der Turmbau zu Babel: Polnisch, Tschechisch, Ungarisch und Deutsch waren nur ein Paar der Sprachen die dort gesprochen wurden. Viele konnten sich gegenseitig nicht verstehen und andere nur sehr wenig. Das einzig wichtige war, dass wir die Nazi-Deutschen verstanden. In unseren Baracken war das kommunizieren einfacher, weil die meisten Niederländisch sprachen. Ich war allerdings auch in der Lage andere Sprachen zu sprechen, wie zum Beispiel Englisch—meine Mutter war in England ausgebildet worden und hatte dort Familie —Deutsch und ein bisschen Französisch, das ich in der Schule gelernt hatte.

Es war bedrückend diesen grauen, trostlosen Ort zu betrachten und sich vorzustellen, dass wir dort für einen unbekannten Zeitraum verweilen mussten, ohne zu wissen, was mit uns geschehen würde. Wir konnten es nicht unser Zuhause nennen und es fühlte sich falsch an es überhaupt zu versuchen, denn es sah nicht aus wie ein Zuhause. Es war ein Konzentrationslager und als solches nicht für den Komfort und das Wohlgefühl der Gefangenen erbaut.

Im Sternlager durfte man auch seinen Besitz in den Baracken aufbewahren. Entlang der Innenwände waren Rucksäcke aufgereiht, bepackt mit allem, was wir noch hatten. Für mich sah das ganze komisch aus: obwohl es den Anschein hatte, als könnte sich jeder einfach seine gepackten Sachen schnappen und jederzeit abhauen, musste ich mich daran erinnern, dass das nicht möglich war, weil wir hier gefangen waren, weil wir in dieser Situation feststeckten. Ich musste bleiben, wo ich war, mit den wenigen Dingen, die ich noch bei mir hatte.

Ich schlief in einem Etagenbett in der Nähe von meiner Mutter. Nach den Monaten, die wir in Westerbork verbracht hatten, erschien mir das nicht mehr allzu merkwürdig. Dort hatten wir auch in Etagenbetten geschlafen und unser Leben mit Menschen geteilt, die wir nicht kannten. Ebenso hatten mein Vater und mein Bruder auch dort in einer anderen Baracke geschlafen, aber ich hatte mich an das Leben in Westerbork gewöhnt, wo wir nicht so sehr eingeschränkt waren wie in Bergen-Belsen. Natürlich waren wir fern von der Heimat, von unserer Familie und von unserem Leben gewesen, aber Westerbork bedrohte nicht unser Überleben, so wie es unsere neue Wohnsituation tun sollte.

Trotz all der Angst schlief ich nach den Strapazen des Tages vor Erschöpfung schnell ein. Die Ankunft in der Baracke in Bergen-Belsen war der Beginn eines neuen Lebens für mich. Alles, was ich über mein Leben wusste, das Leben, was ich für so lange als das meine betrachtet hatte, existierte nicht länger. Stattdessen gab es nur noch ständige Furcht und eine unsichere Zukunft. Wenn du dich in einem Konzentrationslager wiederfindest, wird das Überleben des nächsten Tages das einzige, woran du denken kannst. Wir waren nicht mehr in der Lage Jahre vorauszudenken;

wir sorgten uns nur darum, was der heutige Tag wohl bringen würde.

Was konnte sich so ein junges Mädchen wie ich jemals von der Zukunft erhoffen? Zur Schule gehen, aufwachsen, Freunde finden, auf das Erwachsenenleben vorbereiten, heiraten, eine Familie gründen... Die einzigen Sorgen, die ein junges Mädchen haben sollte, sind es gute Noten in der Schule zu bekommen und ihren Eltern eine gute Tochter zu sein. Ich konnte nur mit Kummer und Angst erwarten, was Bergen-Belsen für uns bereit hielt. Wir sollten es bald erfahren.

4 ALLTAG IM LAGER

Das Leben in einem Konzentrationslager kann man sich nicht vorstellen. Nur die, die es selbst durchgemacht haben, könnten jemals all den Horror und die Unsicherheit verstehen. Häufig können es nicht einmal diejenigen, die es selbst erfahren haben, in Worte fassen, was ihnen dort passiert ist, weil sie alles erdenklich mögliche daran gesetzt haben jede Erinnerung an das Leid aus ihrem Gedächtnis zu streichen. Ohne ein Verbrechen begangen zu haben, wurden meine Familie und ich eines Tages plötzlich von der Welt abgeschottet und isoliert. Wie sich das anfühlt kann man sich nur vorstellen, wenn man weiß, wie es ist, nicht mehr Teil seiner Gemeinschaft sein zu dürfen. Welch ein Verbrechen hatten wir begangen, um das zu verdienen? Jude zu sein war zu einem Verbrechen geworden und wir sollten den Preis dafür bezahlen.

Wir lebten ein normales, gesundes, Mittelschichtleben in den Niederlanden. Mein Vater hatte sich einen guten Beruf gesichert, meine Mutter war eine großartige Person und Lehrerin und mein Bruder und ich waren, motiviert durch unsere Eltern, dabei zu lernen auch gute Menschen zu werden. Doch alles Normale an unserem Leben wurde uns ohne plausible Erklärung oder Hoffnung auf Besserung genommen.

Unser normaler Alltag begann damit, dass wir aufgewacht sind, unsere Gesichter wuschen, Frühstück hatten und begannen unsere Aufgabenliste für den Tag abzuarbeiten. In Konzentrationslagern gab es keine Frühstückstische, Handtücher für unsere Gesichter oder Zahnbürsten. Unter normalen Umständen weiß man diese Kleinigkeiten und das gute Gefühl, das sie einem geben, häufig nicht richtig zu schätzen. Wenn sie einem dann aber genommen werden, ist der Schock umso größer—man verliert seinen Sinn für die Realität. Wenn andere Überlebende und ich an diese Zeit im Lager zurückdenken, ist es schwer die richtigen Worte für das Ganze zu finden. „Schreckenserregend" ist die einzige Definition, die mir einfällt.

So einen Ort zu durchleben verändert deine Werte: du bist am Ende nicht mehr dieselbe Person. Wir wissen so viele Dinge in unserem Leben nicht wirklich zu schätzen und beachten sie kaum, wissen nicht, wie wichtig sie sind, bis sie uns genommen werden. Wenn das dann passiert, fühlt man sich leer, als würde nichts mehr Sinn ergeben. Du fühlst dich verloren, denn alles, was dir einst Sicherheit gab, ist plötzlich weg.

Und wenn das Leben in einem Konzentrationslager keinerlei Ähnlichkeit mit normalem Alltag hat, wie könnte ich dann überhaupt versuchen es jemals zu beschreiben? Gab es an solchen Orten etwas, das einer regulären Routine glich? Unsere Routine war jetzt der tägliche Kampf ums Überleben. Dazu brauchte es Disziplin, um „keinen falschen Schritt zu machen". Ein Leben in ständiger Angst und Sorge. Die vergleichsweise ruhige Zeit in Westerbork war vorbei und Bergen-Belsen sollte ein täglicher Kampf ums Überleben werden. Das wurde uns klar, sobald wir dort ankamen.

Dort war es, dass die Nazis uns ihr grausamstes Gesicht zeigten, offenbarten wer sie wirklich waren und was für abartige Ziele sie verfolgten. Der Alltag an diesem Ort wurde von der Laune der Soldaten bestimmt, welche da waren, um unser Leben so unerträglich wie möglich zu machen. Jeden Tag mussten wir Appell stehen und wurden durchgezählt. Wieso das alles? Wie bei so vielen Dingen hatten wir keine Ahnung.

In jeder Baracke war eine Person dafür zuständig, dass wir alle zum Zählappell erschienen. Es gab keine Wiederrede—jeder musste mitmachen. Also sammelten wir uns in einer Reihe auf dem Appellplatz und warteten darauf, dass dieser Alptraum ein Ende fand.

Gefangene waren selbst zum Erscheinen gezwungen, wenn sie nicht in der Verfassung dazu waren. Egal ob du krank warst oder dich nicht richtig bewegen konntest, du musstest da sein. Wenn nicht, warst du tot. Den Nazis war auch das Wetter egal. Sie bestanden auf den Appell, auch im strömenden Regen und härtestem Winter. Warum hätte es sie kümmern sollen, wie kalt es war? In ihren Uniformen waren sie ja vor jeglichem Wetter geschützt; nur wir Gefangenen mussten uns um die Kälte sorgen.

Die Zählung konnte endlose Stunden dauern—es war unerträglich. Sie zählten jeden Insassen des Lagers und wenn sie sich aus irgendeinem Grund verzählten, begannen sie von neuem. Ich erinnere mich an den Tag, an dem es so kalt war, dass einer der Gefangenen Frostbrand bekam. Sie mussten seine Zehen amputieren. Können Sie sich vorstellen ihre Zehen wegen etwas zu verlieren, dass nicht einmal Sinn macht? Für uns war sowas Alltag.

Ich erinnere mich an endlose Stunden des Wartens, in denen wir uns beim Appell nicht bewegen konnten. Dazu kam, dass die Nazis währenddessen auch ihre boshaften Hunde bei sich hatten. Diese Hunde waren aufs Töten gedrillt. Die Soldaten hatten dicke Polsterungen an ihren Unterarmen, um sich im Falles eines

Angriffs schützen zu können. Man kann sich vorstellen, was passiert ist wenn jemand ohne jeglichen Schutz von so einem Hund angegriffen wurde.

Manchmal frage ich mich, ob sie das alles nur gemacht haben, um uns zu zermürben und noch mehr Angst einzuflößen als wir sowieso schon hatten. Das Ausmaß an Grausamkeit in diesen Menschen war fast schon beeindruckend. Sie hatten keinerlei Mitgefühl, egal was sie taten und sahen. Zählten sie uns jeden Morgen, um zu sehen, wie viele von uns schon gestorben waren? Zumindest kümmerte es sie kein bisschen, wenn jemand während des Appells starb. Nichts schien sie zu kümmern. Zählten sie uns, um sicher zu gehen, dass keiner von uns geflohen war? Es war unmöglich zu fliehen.

Alles, was dort und in anderen Konzentrationslagern getan wurde, geschah mit industrieller Präzision. Eine gut geölte Maschine. Die Anzahl an Zügen zum Transport von Menschen, die Anzahl an Gefangenen, das Prozedere in jedem Lager und sogar die Misshandlung der Insassen—es war ein groß angelegtes Geschäft mit Gräueltaten.

Als wir in Bergen-Belsen ankamen, hatte Kommandant Adolf Haas das Sagen im Lager. Bevor er dort arbeitete, hatte er das Niederhagen-Lager geführt, eines der kleinsten Nazi-Konzentrationslager. Es wurde im Jahr 1943 geschlossen und Haas wurde Bergen-Belsen zugewiesen. Der Holocaust war nur möglich, weil so viele Menschen darin involviert waren. Wenn wir über den Holocaust und die Nazis sprechen, denken wir zuerst an Adolf Hitler, den Mann an der Spitze. Damit jedoch alles perfekt funktionierte, musste jedes Puzzlestück genau an seinem Platz sein. Zum Beispiel war Joseph Goebbels, der Reichspropagandaleiter, auch ein extremer Antisemit. Er war für die Verbreitung der Nazi-Ideologie in ganz Europa zuständig, der Hass auf die Juden mit inbegriffen. Hitler hätte das alles alleine nicht schaffen können: damit dieser Horror wahrlich erblühen konnte, brauchte es Millionen von verblendeten Menschen, die sich von dem Führer und seinen Ideen indoktrinieren ließen—und manchmal stimmten diese Ideen mit deren eigenen überein.

Bergen-Belsen war kein Vernichtungslager, aber die Bedingungen dort ließen das Überleben der Insassen trotzdem kaum zu. Was braucht man zum Überleben? Nahrhaftes Essen und gute Hygiene. Auf nichts davon hatte man in Bergen-Belsen oder den anderen Konzentrationslagern zugriff. Ihre Intention war es, die Gefangenen zu zermürben und ihnen Stück für Stück die Kraft zum Leben zu rauben.

In Westerbork gab es genug Essen, sodass wir nicht Hungern mussten, aber das änderte sich in Bergen-Belsen, wo man uns nur einmal am Tag Essen gab—wenn überhaupt. Wenn man uns Essen gab, mussten wir eine Schlange bilden und darauf warten, dass wir die kleine Ration erhielten, die uns zur Verfügung stand, zumeist irgendeine Rübensuppe und ein Stück Brot. Wir mussten uns daran gewöhnen für lange Zeit nichts richtiges zu Essen.

Nur wer Unterernährung am eigenen Leib erfahren hat, kann wirklich verstehen, was es in dem menschlichen Körper anrichtet. Man verliert seine Kraft, fühlt sich schwach und beginnt zu verkümmern. Wann immer ich konnte, versuchte ich in der Nähe von meiner Mutter, meinem Vater und meinem Bruder zu bleiben. Ich bemerkte, wie ausgemergelt wir aussahen, genau wie alle anderen um uns herum. Einem Menschen ist nicht klar, wie lange er oder sie ohne Nahrung auskommen kann, und ist bereit alles Mögliche zu tun, um an Essen heranzukommen. Solche Ereignisse zeigen, wie viel Kraft in einem Menschen stecken kann, und wie sehr wir bereit sind, um unser Leben zu kämpfen.

Da wir nicht viel zu essen hatten, erinnere ich mich daran, dass wir viel über Essen geredet haben. Gefangene saßen zusammen und träumten davon, was sie essen würden, wenn sie diesen Ort verlassen konnten—häufig war von enormen Banketts die Rede.

Einige hatten sich Rezepte gemerkt. So konnte man der Grausamkeit entfliehen, wenn auch nur für kurze Zeit, und an ein Leben danach glauben, ein Leben von dem wir nur träumen konnten.

Seine Zeit mit Kindern zu verbringen war eine weitere Art sich von der Realität abzulenken. Sich um sie kümmern und ihnen Geschichten erzählen, damit auch sie träumen konnten. Das alles half auch einem selbst. Viele Frauen kümmerten sich um die Kinder, vor allem um jene, die zu Weisen geworden waren. Doch all diese Fürsorge verhinderte nicht das Trauma, das sie erlitten. Egal wie jung sie waren, sie nahmen trotzdem war, was um sie herum vorging.

Abgesehen von dem wenigen Essen war auch der Mangel an Hygiene ein großes Problem in Bergen-Belsen. Latrinen wurden jeden Tag schmutziger, weil mehr Menschen in dem Lager eintrafen. Wann immer ich an diese Latrinen denken muss, wird mir ganz schlecht und ich ekel mich. Es ist vielleicht schwer für jemanden mit einem sauberen, richtigen Badezimmer sich vorzustellen, wie das war, aber ich denke an eine Unmenge Menschen, die Tag ein Tag aus dieselbe verdreckte Latrine benutzen. Der faule, saure Gestank war unerträglich, aber wir mussten trotzdem lernen damit zu leben. Es gab auch keine Seife mit der wir uns hätten waschen können, um uns ein wenig sauberer zu fühlen.

Mangelnde Hygiene nimmt jedem Menschen seine Würde. Wenn man gezwungen ist in so einer Umgebung zu leben, fühlt man große Scham. All der Dreck, von dem wir umgeben waren, zeigte uns, was wir wert waren: nichts! Wir waren nichts. Schlimmer noch, wir waren Parasiten in der Nazi-Gesellschaft und genauso behandelte man uns.

Das alles hatte nicht nur große Auswirkungen auf unsere Psyche, sondern auch auf unsere Körper. Unsere Gesundheit verschlechterte sich dramatisch, aufgrund der schlechten Hygiene und mangelnder Nährstoffe. Jedes Konzentrationslager war eine Brutstätte für Krankheiten und Bergen-Belsen war keine Ausnahme.

Das Lager war von Läusen infiziert, aber nicht nur die Köpfe der Insassen waren befallen. Unsere Erniedrigung war so fortgeschritten, dass Gefangene Läuse am ganzen Körper hatten. Es war ein abscheuliches Gefühl, wenn diese lästigen Insekten über deinen Körper krabbelten und einfach nicht von dir abließen. Körperläuse befallen Kleidung, Bezüge und Decken und werden von mangelndem Duschen angezogen. Konzentrationslager bieten fruchtbare Bedingungen für ihre Verbreitung.

Da Läusebefall sehr unangenehm ist, versuchten wir mit dem wenigen, was uns zur Verfügung stand, sauber zu bleiben. Ich erinnere mich daran, wie viel Zeit wir damit verbracht haben, Läuse von unseren Klamotten zu entfernen. Es dauerte wirklich lange, da du diese kleinen Kreaturen richtig jagen musstest, um sie mit deinen nackten Händen zu entfernen.

Läuse waren nur eine unserer Sorgen. Es gab eine ganze Menge anderer Krankheiten, die sich im Lager verbreiteten und die Gesundheit der Gefangenen verschlechterten. Zu der schlechten Hygiene kam häufig auch noch Durchfall hinzu. Wenn Durchfall schon unter normalen Bedingungen unangenehm ist, dann stellen Sie sich vor, wie es in unserer Situation war. Ich hatte damals keinen Durchfall, aber meine Mutter hatte es ein paar Mal. Können Sie sich vorstellen, wie das ist in einem solchen Zustand zum Appell antreten zu müssen und nicht zu wissen, wie lange es dauern wird? Es gab kein Mitgefühl und genauso wollten sie es: um uns daran zu erinnern, dass wir nichts waren. Wir waren nichts und hatten keine Rechte.

Neben Durchfall hatten viele Gefangene auch Typhus, eine weitere Krankheit, die unter anderem mit mangelnder Hygiene und überfüllten Orten assoziiert wird. Typhus schwächt einen sehr. Die Kranken litten an Kopfschmerzen und Schwindel. Nahe des Lagers gab es ein großes Feld und die Nazis erlaubten keinem Gefangenen dorthin zu gehen. Sie wollten verhindern, dass sich Krankheiten auf die nahegelegene Bevölkerung ausbreiteten, denn Krankheiten waren uns „schmutzigen Parasiten" vorbehalten und nicht für die arische Rasse bestimmt.

Natürlich hatten wir keinerlei Zugang zu adäquater medizinischer Versorgung. Man konnte an diesem Ort nur hoffen nicht krank zu werden, was wegen der katastrophalen Umstände fast unmöglich war. Und wenn du dann doch krank wurdest, konntest du nichts weiter tun als hoffen, dass du schnell wieder gesund wurdest. Aufgrund des Krieges wurden Nahrung und Medizin überall täglich knapper und wir lebten auch noch in einem Konzentrationslager. Medikamente waren Luxusartikel.

Es war schrecklich mit ansehen zu müssen, wie die Menschen um mich herum langsam dahinsiechten. Zeit verging und alle verkümmerten vor unseren Augen. Es war als würde man uns Stück für Stück jede Menschlichkeit nehmen. Jeden Tag wurden wir alle schwächer, dünner und kranker. Wir hatten jede Hoffnung verloren und waren komplett auf uns allein gestellt.

Unsere Hoffnungslosigkeit wurde jeden Tag größer, weil wir keinerlei Neuigkeiten von der Außenwelt erhielten. Wir waren komplett von dem Rest der Welt abgeschottet, ohne jeglichen Kontakt nach außen, ohne irgendwelche Nachrichten. Es gab kein Radio, keine Zeitung, nichts dergleichen. Das bisschen, was wir wussten, erfuhren wir von Neuankömmlingen. Wir verbrachten Tag für Tag in der selben Situation, ohne Informationen darüber, wann sich die Dinge ändern würden, ohne Hoffnung darauf diesen Ort zu verlassen.

Wir wussten zum Beispiel nicht, dass im Jahr 1944 noch immer Krieg wütete—intensiver als je zuvor. Die Achsenmächte, bestehend aus Deutschland, Italien und Japan, kämpften in ganz Europa gegen die Alliierten, bestehend aus den Vereinigten Staaten, Großbritannien und der Sowjetunion. Brasilien stieß noch im selben Jahr dazu. Im Juli erreichten brasilianische Soldaten Italien, um an der Seite der alliierten Truppen zu kämpfen. Sie errangen Siege gegen die Deutschen in vielen, strategisch gelegenen Städten Italiens und unterstützten später die Befreiung des Landes im April 1945.

Solange der Krieg da draußen weitergeführt wurde, gab es keine Anzeichen, dass Gefangene aus Bergen-Belsen entlassen werden würden. Für mich war dieser Ort ein riesiges, schwarzes Loch. Menschen starben wegen der prekären Lebensumstände und ich bangte fortwährend um mein Leben und meine Familie. Wir lebten mit dem Tod und wir konnten nicht anders, als zu befürchten, dass wir die nächsten Leichen auf dem Weg zum Krematorium waren. Wir mussten einen Weg finden zu überleben.

In diesem verzweifelten, bedrückenden Umfeld versuchten wir Gefangenen zusammen zu halten. Die Deutschen machten uns ständig runter und setzten alles daran uns unseren Lebenswillen zu nehmen, doch wir gaben nicht auf und halfen einander stark zu bleiben. Wir Insassen formten Gemeinschaften, vor allem jene, die aus dem selben Land kamen. Wir waren so oft und so gut wie möglich für einander da.

Jeder Tag war ein Kampf ums Überleben. Doch wussten wir nicht, wie wir kämpfen sollten. Wir lebten in einer konstruierten Wirklichkeit, welche uns das Recht zum Widerstand genommen hatte. Es gab keine Alternative außer weiterzumachen und Schwierigkeiten aus dem Weg zu gehen. Wir lebten im Dunkeln, blind, da wir nie wussten, was in den Köpfen der Nazis vorging— manchmal stand man nur so da und es war genug, um sie wütend zu machen. Es ist schwer zu erklären; es war unsere Existenz selbst, die sie störte.

Die Mitglieder der Schutzstaffel schienen ihre Rolle im Lager zu genießen. Die Paramilitärs taten alles daran unser Leben dort zur Hölle zu machen. Wann immer sie mit einem von uns sprechen mussten, nutzen sie nur Beleidigungen, Erniedrigungen und Drohungen. Es war uns nicht möglich einzufordern mit Würde behandelt zu werden. Wenn wir am Leben bleiben wollten, mussten wir diese Misshandlungen akzeptieren.

Am meisten schockierte uns, dass die Nazis in all ihrer Brutalität ein reines Gewissen behielten, weil sie wirklich glaubten im Namen Deutschlands eine gute Tat zu vollbringen. Jede Gesellschaft sollte Alarm schlagen, sobald eine Ideologie so fest in den Menschen verankert ist, dass sie solch barbarisches Verhalten unterstützt.

Eine der Strategien, die sie häufig benutzten, um uns zu peinigen, war uns ständig zu zwingen die Baracken zu wechseln. Dafür gab es schlichtweg keine Erklärung: sie ließen uns auf ihre eigene, boshafte Art und Weise wissen, dass wir unsere Sachen einzusammeln hatten und dorthin gehen sollten, wo sie uns hinschickten. Aber wir konnten uns nicht auf den Weg machen, bevor nicht alles genauso organisiert war, wie sie es wollten und wie ihre Regeln es vorgaben.

Jedes Mal wenn sie das machten, war es wirklich beschwerlich. Neben den vielen Stunden beim Appell, neben all den Drohungen, dem Mangel an Essen und Hygiene, wurden wir von einem Ort zum anderen geschickt, als ob sich etwas ändern würde. Doch das tat es nicht. Wir standen unter ständigem Stress und jeder neue Moment war eine größere Herausforderung als der zuvor.

Ich wusste es nicht und hätte es mir auch nicht vorstellen können, aber mein Vater war ein nervliches Wrack. Er begann Nahrung gegen Zigaretten zu tauschen; lieber rauchte er als das wenige zu essen, was er hatte. Diese Art von Schwarzmarkt entwickelte sich häufig in den Konzentrationslagern. Da es keine Möglichkeit gab diesen Ort zu verlassen, handelten die Gefangenen mit den Wertgegenständen, die sie noch hatten. Essen war ein Luxusartikel in Bergen-Belsen. Wenn du also zum Beispiel Klamotten haben wolltest, musstest du eine Menge Essen zum Eintauschen sammeln. Mein Vater hatte entschieden, dass Rauchen für ihn das wichtigste war.

Die Nazis quälten die Insassen auch mit Zwangsarbeit. Weil wir auf der Palästina-Liste standen, mussten meine Eltern, mein Bruder und ich nicht arbeiten. Irgendwann sollte ich kleinere Arbeiten an den Baracken machen, entweder Malen oder etwas in den heruntergekommenen Gebäuden reparieren. Die Arbeit anderer Gefangener war eine wahre Tortur. Juden mussten komplett absurde, sinnlose Aufgaben erledigen; ansonsten wurden sie bestraft. Zum Beispiel mussten sie Steine aufheben und woanders stapeln, nur um sie dann wieder an ihre ursprüngliche Position zu bringen.

Jene, die gezwungen waren zu arbeiten, taten dies bis zur völligen Erschöpfung, über Stunden hinweg und unter menschenverachtenden Bedingungen. Obwohl wir nicht in einem Vernichtungslager mit Gaskammer waren, welches Ankömmlinge sofort in den Tod schickte, waren die Umstände da so grauenhaft, dass sie die Insassen langsam aufrieben. Man versuchte uns Stück für Stück umzubringen und Todesursachen gab es viele.

Kurz nach unserer Ankunft in Bergen-Belsen wurden auch meine Tante, mein Onkel und meine zwei jüngeren Cousinen dorthin geschickt. Dieser „Onkel" war eigentlich der Cousin meines Vaters. Seine beiden Töchter waren so klein und hilflos—sie waren zu dem Zeitpunkt eins und sieben—und mussten bereits unter diesen fürchterlichen Umständen leiden. Einige der Kinder dort waren so jung, dass wir uns fragten, ob sie überhaupt irgendetwas mitbekamen. Würden sie diese Erfahrungen für immer heimsuchen? All die Jahre später wissen wir jetzt mit Sicherheit, dass jene Kinder zu traumatisierten Erwachsenen herangewachsen sind.

Ich wusste es damals nicht, aber ein Mädchen, dass mit Anne Frank und mir auf die jüdische Schule gegangen war, landete auch in Bergen-Belsen. Ihr Name war Hannah Elisabeth Pick-Goslar oder „Lies Goosens", wie sie in „Das Tagebuch der Anne Frank" benannt wurde. Sie war mit ihrem Vater und kleiner Schwester in Westerbork gewesen, bevor sie dann nach Bergen-Belsen deportiert wurden. Weil sie in einem anderen Teil des Lagers war, bekamen wir einander nie zu Gesicht.

Ich erinnere mich an das eine Mal, als meine Mutter einen Rabbi traf, der vielleicht ein Verwandter war. Sie sprachen für lange Zeit miteinander, um herauszufinden, ob sie zu dem selben Familienbaum gehörten und kamen am Ende zu dem Schluss, dass sie miteinander verwandt waren. Meine Mutter und der Rabbi waren sich einig, dass sie beide von einer gleichen Linie Davids abstammten. Später erfuhr ich, dass die Familie des Rabbis in den Zeiten der Inquisition in Spanien war. Die Familie meiner Mutter war groß und lebte zum Teil in England, in den Niederlanden und in Südafrika, wo sie geboren war.

Trotz all der Gräuel war Religion weiterhin sehr präsent im Lager. Es war interessant zu sehen, dass religiöse Menschen zwei Wege beschreiten konnten: entweder sie verfolgten ihren Glauben mit leidenschaftlicher innbrunst und behielten ihre Riten bei oder sie schworen ihrem Gott ab und glaubten nicht länger an eine höhere Macht.

Es war nicht selten der Fall, dass Menschen die Existenz Gottes nach ihrem Leben im Konzentrationslager leugneten. Im Angesicht all des Leids, im Angesicht all dessen, was den Juden und anderen als minderwertig angesehenen Minderheiten von den Deutschen angetan wurde, fragten sich viele: Wo ist Gott? Warum ließ Er all das geschehen? Wie können wir noch glauben, nachdem wir all das mit angesehen haben? Das waren sicherlich verständliche Fragen für all jene, die so litten.

Obwohl die Juden das Hauptopfer der Nazis und ihrer Maschinerie der Zerstörung waren, waren wir nicht die einzigen, die unter ihrem Hass litten. Damals wurden auch andere sogenannte „Reichsfeinde" verfolgt und in Konzentrationslager geschickt. Hitler pflegte zu sagen, dass Krieg der perfekte Zeitpunkt war, um die „unheilbare Krankheit" auszuradieren. Die Nazis nutzten den Zweiten Weltkrieg zur Verbreitung ihres Konzepts der Herrenrasse, eine Ideologie des Hasses und der Vorurteile.

Kommunisten wurden als Hitlers politische Feinde verfolgt und Roma als minderwertige Rasse betrachtet. So wie die Juden unter Antisemitismus litten, waren Roma auch schon vor dem Krieg das Opfer großer Vorurteile. Die Zeugen Jehovas, eine religiöse Gruppierung, welche von Tür zu Tür ging, um christliche Werte zu verbreiten, glaubten an politische Neutralität und sprachen sich daher gegen den Militärdienst aus, ganz zu Hitlers Unzufriedenheit.

Auch Homosexuelle wurden in Konzentrationslager geschickt, weil sie als „abnorm" betrachtet wurden. Im Juni 1935 verfügte Nazi-Deutschland, dass selbst die Freundschaft zwischen zwei homosexuellen Männern ein Verbrechen war. Es ist absurd, dass all diese Gräuel im Namen des Gesetztes begangen wurden. Was waren das für Gesetze?

Menschen mit körperlichen und geistigen Behinderungen gehörten auch zu denen, für die es keinen Platz in der Nazi-Gesellschaft gab. Sie wurden als Bürde betrachtet und mit der Beihilfe deutscher Ärzte hingerichtet. Es ist erschreckend sich vorzustellen, dass Hitler so viel Unterstützung hatte, dass dieser abscheuliche Plan durchgeführt werden konnte.

Die Nazis kamen durch radikale Rhetorik und Meinungen an die Macht. Ihre gefährliche Ideologie war von Anfang an darauf ausgelegt Vielfalt zu eliminieren und Menschen zu kontrollieren. Die Gräueltaten der Nazis wurden von großen Teilen der deutschen Bevölkerung im Namen des Wirtschaftswachstums akzeptiert und unterstützt. Mein Aufenthalt in Bergen-Belsen und die Vernichtung der Juden während des Zweiten Weltkrieges waren die Folgen dieser brutalen Ideologie. War das Heil der arischen Rasse wirklich das Leid von Millionen von Menschen wert? So absurd, wie es klingen mag, viele glaubten daran.

Innerhalb der Konzentrationslager wurde die Existenz Gottes intensiv hinterfragt. Doch obwohl viele gefangene Juden ihren Glauben an eine höhere Macht verloren, hielten auch viele an ihrer Religion fest. In Bergen-Belsen versuchten einige Männer weiter zu beten und dem jüdischen Kalender zu folgen. Es wurde mit der Zeit schwerer, weil wir kaum wussten welcher Tag es war.

Da es im Lager keinen Kalender gab, konnten wir nicht sehen welcher Wochentag oder Tag im Monat es war. Obwohl wir natürlich unser Geburtsdatum erinnerten, konnten wir nicht wirklich feiern. Wie sollten wir jemandes Geburtstag feiern, wenn wir mehr vom Tod als vom Leben umgeben waren? Menschen starben, ohne, dass wir die Zeit hatten um sie zu trauern; wir mussten nach vorne blicken und versuchen zu überleben.

Stück für Stück hatten die Nazis uns unser normales Leben genommen: Bildung, Geld, das Recht ein Heim zu besitzen und frei zu sein. In den Lagern wollten sie uns auch unsere Menschlichkeit nehmen. Das Leben in allen Konzentrationslagern war so niederschmetternd, dass Menschen sich ihre eigene Menschlichkeit absprachen. Die Nazis beabsichtigten uns zu einem Nichts verkümmern zu lassen. Wir wurden wie Tiere behandelt, nicht wie Menschen. Sie wollten uns schwächen, indem sie uns Nahrung verwehrten; uns den Lebenswillen nehmen durch all das Grauen, was wir mit ansehen mussten; uns jede Würde nehmen, indem sie uns keine Hygiene erlaubten.

Außerdem versuchten die Nazis Familien zu sprengen. Obwohl Familienmitglieder zusammen gehalten wurden, gab es keine Garantie, dass alle in Sicherheit waren. Sie wollten Egoismus und Individualismus in den Gefangenen säen, damit wir uns nicht mehr umeinander kümmerten.

Im Allgemeinen ging es den Nazis darum uns die Menschlichkeit zu verweigern und uns das Gefühl zu rauben, dass wir etwas wert waren. Da sie die Insassen in den Konzentrationslagern als minderwertig betrachteten, wollten sie auch, dass wir uns minderwertig fühlten. Wie sonst hätten sie sich amüsieren sollen? Tag für Tag wurden wir zu unmenschlichen Dingen gezwungen—physische und verbale Erniedrigungen—und sie hofften, dass wir dahinsiechen würden, bis wir keine Kraft mehr zum Überleben hatten. So wollten sie ihr ultimatives Ziel erreichen: jeden einzelnen von uns vernichten.

Doch trotz all der Widrigkeiten bäumten wir uns immer wieder auf und schafften es zu überleben. Es war nicht einfach für mich und meine Familie, aber wir fanden die Kraft weiterzumachen—ich weiß nicht, wo diese Kraft herkam. Trotz allem waren wir noch immer am Leben.

So verbrachten wir unsere ersten Monate im Lager. Sie machten uns runter und nahmen uns alles, was wir bisher im Leben erreicht hatten. Damals war uns das noch nicht klar, aber die Situation sollte noch schrecklicher werden. Von da an mussten wir noch schlimmere Umstände überstehen. Was konnte noch schlimmer sein als zu wenig Essen und der Verlust unserer Würde? Ich hätte darauf damals keine Antwort gewusst, sollte aber schon bald meine Lektion lernen: Bergen-Belsen zeigte uns nur kurze Zeit später, was für ein unerträglicher Ort es wirklich war.

5 SCHWERE VERLUSTE

In Bergen-Belsen gab es für Gefangene nur wenige Ressourcen, um sich im Lager am Leben zu halten. Währen die Nazis gutes Essen, warme Klamotten und gemütliche Häuser genossen, mussten Insassen mit dem wenigen auskommen, was sie hatten. Der Krieg nahm seinen Lauf, die Nazis implementierten ihre Strategien und zum Ende des Jahres 1944 wurde die Situation für uns immer schlechter.

Die Verfassung der Gefangenen verschlechterte sich täglich. Wir hatten schon viele Monate im Lager verbracht und litten unter einem Leben in der Isolation, unter der Angst nicht zu wissen, wie lange wir noch in dieser Welt verbleiben mussten, wie lange in dieser surrealen Situation. Wir verloren schnell Gewicht und zeigten erste Anzeichen von Unterernährung, was auch unsere geistigen Fähigkeiten reduzierte, unser Immunsystem schwächte und uns in Lebensgefahr brachte.

Winter in Norddeutschland sind unerträglich und die kalte Jahreszeit näherte sich uns am Ende des Jahres 1944. Wir erhielten keinerlei Nachrichten aus der Welt da draußen, aber der Zweite

Weltkrieg trat in seine letzte Phase. Die Alliierten stoßen an mehreren Fronten in das vom Dritten Reich besetzte Territorium vor. Teile der sowjetischen Armee erreichten Osteuropa und die Deutschen begannen sich Sorgen zu machen, dass die Sowjetunion ihre Verbrechen in den Konzentrationslagern enthüllen würden, vor allem, weil einige der Gefangenen Sowjets waren. Auch US und britische Truppen fielen in deutsche Territorien ein.

Das war eines der grausamsten Jahre des Holocaust. Etwa zwei Millionen Juden waren bereits gestorben. Über all diese Jahre hinweg wurde die jüdische Population in Europa in Vernichtungs- und Konzentrationslagern dezimiert, in der Öffentlichkeit hingerichtet, in Ghettos niedergeschossen und allen möglichen Abscheulichkeiten durch die Nazis ausgesetzt. Ganze Familien verschwanden während des schier endlosen Krieges. Es ist ebenso traurig wie verblüffend, dass es noch immer Menschen gibt, die leugnen, dass das alles je geschehen ist. Ich bin ein lebender Beweis für all diese Brutalität. Nichts davon ist ausgedacht.

Der ganze Horror war so real, dass die Deutschen begannen sich vor der kommenden Gerechtigkeit zu fürchten, sowie sich die ersten feindlichen Truppen näherten. Schließlich würden die Deutschen nicht mit der Zerstörung und Besetzung Europas davon kommen, sollten die Alliierten den Krieg gewinnen. Hitlers ambitionierter Wahn über den Kontinent zu herrschen würde nicht ungestraft bleiben. Deutschland war von Anfang an im Nachteil gewesen. Nach dem Ersten Weltkrieg hatte man Deutschland dazu gedrängt den Vertrag von Versailles zu unterzeichnen, welcher die Deutschen zu Reparationen zwang, die das Land schwächten, wie zum Beispiel die Abgabe einiger Grenzterritorien, Beschränkungen der Armee und ein Verbot bezüglich der Erkundung von Ressourcen in gewissen Regionen Deutschlands.

Im November—vielleicht weil sie ihre Niederlage schon voraussahen—befahl Himmler Krematorien in einigen

Konzentrationslagern zu zerstören. In dem Versuch sämtliche Spuren der Zerstörung und Vernichtung im Auschwitz-Birkenau-Lager zu vertuschen, begannen die Deutschen im Jahr 1944 Insassen zu evakuieren und implodierten einige Gaskammern, wie zum Beispiel die in Sobibor. Da sie die Gefangenen nicht freilassen wollten, schickten sie einige davon nach Bergen-Belsen in Deutschland.

So begannen die Todesmärsche. Gefangene mussten, die ganze Zeit über gewalttätig angetrieben von den Nazis, eine Unmenge Meilen hinter sich bringen. Wir durften nur rasten, wenn die Wachen es uns befohlen; jene, die nicht weiterlaufen konnten, wurden von den SS-Soldaten getötet. Einige mussten wieder in den extrem überfüllten Viehwagen mitfahren. Viele starben auf diesen Märschen, weil sie es nicht mehr aushalten konnten; sie hatten einfach keine Kraft mehr.

Anne Frank und ihre Schwester Margo stiegen im späten Oktober 1944 auch in den Zug nach Bergen-Belsen. Aufgrund dessen, was sie in Auschwitz hatten durchmachen müssen, waren sie zu dem Zeitpunkt bereits sehr schwach und ausgemergelt und der lange Treck trug nur noch zur schlechten Gesundheit der zwei Schwestern bei. Sie hatten ihre Mutter Edith in Auschwitz zurücklassen müssen und wussten nichts über den Verbleib ihres Vaters Otto. Der Krieg schien endlos.

Als die Frank Schwestern, zusammen mit anderen weiblichen Gefangenen aus Auschwitz, in Bergen-Belsen ankamen, wurden Zelte als notdürftige Unterkünfte benutzt—es gab einen großen Platzmangel im Lager. Sie mussten einen gewaltigen Sturm überstehen, welcher ihr Zeltlager im November 1944 zerstörte. Die gesamte bitterkalte Nacht verbrachten sie durchnässt und durchgefroren. Erst am nächsten Tag wurden sie an einen anderen Ort gebracht.

Wir wussten nichts von alldem, würden es aber schon bald aus erster Hand erfahren. Wir machten uns immer größere Sorgen. Unser Leben im Konzentrationslager nahm seinen Lauf und wir wussten nicht, wie es mit uns weitergehen sollte. Konnte man es überhaupt ein „Leben" nennen? Meine Mutter hielt an ihrer Hoffnung fest. Sie blieb optimistisch, dass sich unsere Situation verbessern würde.

Mein Vater hatte weniger Hoffnung; er sah jeden Tag mehr entmutigt aus. Es gab kaum noch Essen. Wir waren wahrlich am verhungern. Es gab Tage an denen wir überhaupt nicht aßen. Trotzdem tauschte mein Vater noch immer das wenige an Nahrung, was er hatte, gegen Zigaretten—ein Geschäft, das nicht gut enden konnte.

Manchmal scheint es als ob das Leben Spielchen mit einem spielt, nur um zu sehen, wie viel man aushält. Ein Mädchen meines Alters geht nicht davon aus ihren Vater zu verlieren, ihren sicheren Hafen. Der natürliche Kreis des Lebens bestimmt, dass ein Kind seinen Vater verliert, wenn er alt ist und das Kind besser darauf vorbereitet—wenn man denn überhaupt jemals auf so etwas vorbereitet sein kann. Einmal mehr zwang mich das Leben mit einem Verlust umzugehen, einen Verlust, den ich überstehen musste, um überleben zu können.

An einem Tag Ende November 1944 kam mein Bruder zu meiner Mutter und mir. Er war sehr emotional und angespannt. Er sagte: „Vater ist tot." Das einzige, woran ich denken konnte, war, dass mein geliebter Vater von uns gegangen war. Es war ein schwerer Schlag. Wir spürten den Verlust tief in unseren Seelen und unseren bereits gebrechlichen Körpern. Von dem Tag an, an dem ich meinen kleinen Bruder verloren hatte, verstand ich, dass ein Leben jederzeit enden kann, ohne jede Warnung. Trotzdem kann man sich nie daran gewöhnen einen geliebten Menschen zu verlieren. Darauf kann dich nichts vorbereiten.

Mein Vater hatte einen schweren Herzinfarkt erlitten und es gab nichts, was ihn hätte retten können. Selbst wenn er nicht sofort durch den Infarkt gestorben wäre, wie hätte er danach je ohne medizinische Betreuung überleben sollen? Ohne jede Medizin und angemessene Versorgung? Der Mangel an Essen, die Zigaretten und—vor allem—die erniedrigende Situation in der sich das Oberhaupt unserer Familie wiederfand, nicht in der Lage dazu zu sein seine Frau und geliebten Kinder aus diesem gefährlichen Umfeld zu befreien, waren sein Todesurteil.

Ich erinnere mich daran, wie ich in Richtung seiner Baracke blickte und ein paar Männer seinen leblosen Körper nach draußen tragen sah. Das Bild hat sich für immer in mein Gedächtnis gebrannt. Wir wurden jeden Tag daran erinnert, dass Juden von den Deutschen nicht als Menschen wahrgenommen wurden. Für sie waren wir nur dreckige Parasiten.

Wir hatten nicht einmal die Zeit meinen Vater richtig zu betrauern; so etwas war den Nazis egal, da unsere Verluste ihr ultimatives Ziel darstellten. Wir mussten trotz allem einfach weiter machen.

Abgesehen von dem Schmerz bedeutete der Tod meines Vaters auch den Verlust unserer kleinen Privilegien. Wir waren aufgrund seines Einflusses und seiner hohen Position in der Bank auf der Palästina-Liste gelandet und hatten in dem Sternlager gelebt. Nach seinem Tod gab es für solcherlei Vorteile keine Rechtfertigung, also sollte sich alles ändern. Es ist unfassbar, wie ein Leben in Sekundenschnelle auf den Kopf gestellt werden kann. Konnte alles noch schlimmer werden? Konnten wir noch tiefer in den Abgrund fallen? Wir sollten schon bald herausfinden, dass sich die Dinge tatsächlich verschlechtern konnten.

Es war ungefähr zu dieser Zeit, Anfang Dezember 1944, dass Bergen-Belsen einen der fürchterlichsten Menschen willkommen heißen sollte, der je das Lager betreten hatte: Josef Kramer, bei den

Gefangenen besser bekannt als die „Bestie von Belsen". Kramer war der Nazi-Partei im Jahr 1931 beigetreten und wurde später Mitglied der SS. Er hatte in verschiedenen Konzentrationslagern gearbeitet, wie zum Beispiel Dachau und Auschwitz-Birkenau, wo er Gaskammern betrieben hatte, bevor er in Bergen-Belsen ankam.

Kramer ersetzte den vorigen Lagerkommandanten Adolf Haas, welcher seine Führungsposition abgegeben hatte, um sich der deutschen Armee anzuschließen. Da die Schlachten täglich intensiver wurden, brachte es Haas an die Front, welche er nicht überleben sollte.

Kramer war für seine Grausamkeit und Kälte bekannt. Er pflegte zu sagen: „Je mehr Juden sterben, desto mehr Spaß habe ich." Als man ihn fragte, ob er jegliche Reue gefühlt hatte, als er mit angesehen hatte, wie seine Opfer in der Gaskammer verendet waren, antwortete er, dass er überhaupt nichts gefühlt hatte. Schließlich hatte er nur Befehle ausgeführt. Ihm fehlte wirklich jede Spur von Menschlichkeit. Gefangene fürchteten sich davor ihm auch nur nahe zu kommen, da es ihr Ende bedeuten konnte.

Ein weiteres SS-Mitglied, welches von Auschwitz nach Bergen-Belsen versetzt wurde, war eine Frau: Irma Grese. Genau wie ihre männlichen Kollegen, waren auch weibliche Nazis für ihre Grausamkeit und Kälte bekannt. Irma war für diese „Qualitäten" regelrecht berühmt. Sie misshandelte ihre weiblichen Gefangenen ohne jedes Mitleid. Ich hörte damals nichts davon, aber heute wird gesagt—unter anderem von der britischen Zeitung „The Guardian"—dass Irma einen Lampenschirm aus der menschlichen Haut der von ihr getöteten Juden in ihrem Schlafzimmer stehen hatte. Es gibt keine Begriffe im Wörterbuch, die es erlauben ein solches Maß an Sadismus zu beschreiben. Das war die Art Mensch, welche zu dieser Zeit Teil des Bergen-Belsen Personals wurde.

Leider wäre es möglich unglaublich viele Seiten mit diesen Menschen und ihren Taten zu füllen. Josef Kramer und Irma

Grese waren keine Einzelfälle; sie waren Teil einer Gruppe an Menschen, deren Fanatismus es ihnen erlaubte auf brutalste Weise zu töten.

Bergen-Belsen wurde die Hölle auf Erden. Mein Vater war nicht mehr bei uns—und würde es nie wieder sein. Um überleben zu können, mussten wir noch mehr zusammenhalten als jemals zuvor. Doch es war unmöglich. Sie erlaubten es nicht, dass wir uns nach unserem Verlust gegenseitig unterstützten; nicht einmal beieinander durften wir bleiben, was bis jetzt unser Silberstreif am Horizont gewesen war.

Wir verbrachten noch ein paar Tage zusammen, in denen nichts geschah, doch dann änderte sich alles. Im Dezember 1944 wurde mein Bruder Bernard in einen Zug gesteckt und an einen anderen Ort geschickt. Meine Mutter und ich waren verzweifelt. Solange wir ihn bei uns gehabt hatten, konnten wir uns sicher sein, dass er in Sicherheit ist. Aber all unser Weinen und Klagen war nicht genug, um die Nazis umzustimmen. Bernard wurde von uns getrennt und in das Oranienburg-Konzentrationslager geschickt, welches auch in Deutschland und nicht allzu weit von Bergen-Belsen entfernt war. Wir bekamen keinerlei Neuigkeiten von dort, doch ihn in Bergen-Belsen zu behalten war nicht möglich. Viele Männer wurden als Teil des Schachspiels, zu dem der Zweite Weltkrieg geworden war, dorthin transferiert.

Sobald sie davon erfuhr wurde meine Mutter extrem nervös und verzweifelt. Die beiden Männer in ihrem Leben waren ihr plötzlich genommen worden. Am nächsten Tag trafen mich weitere schlechte Nachrichten: Meine Mutter wurde nach Magdeburg, eine andere deutsche Stadt, geschickt. An diesem Ort schuftete sie bis zur Erschöpfung, unter grausigen Bedingungen, in einer Fabrik für Flugzeugteile, 750 Meter unter der Erde.

In diesen Zeiten des Krieges waren allerlei Materialien knapp. Die Deutschen benutzten Gefangene als Sklavenarbeiter, um ihre

Kriegsziele zu erreichen. Gefangene hatten nur zwei Alternativen: entweder man wurde von den Nazis getötet oder man arbeitete den Rest seines Lebens an der Erfüllung ihrer Ziele. Und wenn man seine Arbeit nicht gut machte, wurde man eliminiert, denn zu etwas anderem war man nicht zu gebrauchen.

Ich war voller Verzweiflung und wusste nicht, was ich tun sollte. Es war die schwerste Zeit meines Lebens. Ich wusste nicht, was meiner Mutter und meinem Bruder geschehen war; damals wusste ich nicht einmal, wo man sie hingebracht hatte. Ganz allein war ich nun und konnte mir nicht einmal vorstellen, was mit mir passieren sollte. Würde man mich, so wie sie, an einen anderen Ort transportieren? Ich fragte mich, ob ich meine Familie jemals wiedersehen würde, ob wir jemals ein Leben außerhalb von Bergen-Belsen haben würden, weit weg von diesem Alptraum.

Ich hatte nicht die Zeit in Selbstmitleid zu verfallen. Ab dem 5. Dezember 1944 war ich völlig allein in Bergen-Belsen, ohne meine Familie und unsicher darüber, wie lange ich es noch schaffen würde zu überleben—und wie lange sie es schaffen würden zu überleben. Das einzige, wessen ich mir sicher war, war der Tod meines Vaters und dass ich tun musste, was auch immer nötig war, um darüber hinwegzukommen.

Ich durfte nicht länger im Sternlager bleiben und wurde in das kleine Frauenlager überführt. Es gab jetzt keine Palästina-Liste mehr für mich und jegliche Chance an einen besseren Ort geschickt zu werden war verpufft. Jetzt, wo ich niemals als Geisel ausgetauscht werden würde, war meine Situation nur noch heikler.

Während ich also innerhalb von Bergen-Belsen in ein anderes Lager gebracht wurde, verloren andere Verwandte von mir, wegen der entsetzlichen Umstände dort, ihr Leben: der Cousin meines Vaters starb und ließ seine jungen Töchter allein zurück. Hätte ich damals davon gewusst, wäre ich in der Nähe gewesen, hätte ich mich um die kleinen Mädchen gekümmert. Doch das war nicht möglich. Ich erfuhr erst, was geschehen war, als der Krieg vorbei war und ich meine kleinen Cousinen wiedersah. Zum Glück waren sie nicht allein gewesen; wie viele andere Waisenkinder im Sternlager hatte sich die Birnbaum Familie um sie gekümmert.

Obwohl meine jüngere Cousine damals nur ein Jahr alt war, enthüllte der Rest ihres Lebens, was für einen schrecklichen Einfluss ihre Zeit in Bergen-Belsen auf sie hatte. Wir fragten uns, ob sie alt genug gewesen war, um wirklich wahrzunehmen, was um sie herum geschah. Doch hatte sie aufgrund ihrer Erfahrungen später massive psychische Probleme und litt sogar unter Ohnmachtsanfällen. Man konnte den mentalen Wunden und dem Trauma nicht entkommen; niemand konnte das.

Ich erinnere mich, dass das Lager, in welches ich gebracht wurde, überfüllt war. Es waren zu viele Frauen in der Baracke, der ich zugewiesen wurde und täglich kamen noch mehr weibliche Gefangene an. Wie sollten wir dort überleben, wenn jene, die bereits da waren, nicht genug zum Leben hatten und jeden Tag neue Insassen eintrafen?

Außer mir wurden auch andere von Lager zu Lager transferiert. Die Anzahl an Menschen in Bergen-Belsen nahm täglich zu. Mitte des Jahres 1944 waren siebentausend Gefangene in der gesamten Anlage. Im Dezember waren es mehr als doppelt so viele: wir waren fünfzehntausend Insassen auf uns allein gestellt, die versuchten mit dem wenigen zu überleben, dass ihnen zur Verfügung gestellt wurde. Während die Anzahl an Gefangenen stetig stieg, sank die Menge an Wasser und anderen Lebensnotwendigkeiten ebenso schnell. Die Nazis waren nicht dazu bereit für mehr Nahrung zu sorgen, nur weil es mehr Insassen gab.

Der Krieg näherte sich dem entscheidenden Moment und die Alliierten setzten den Achsenmächten immer mehr zu. Trotzdem gab es keine Anzeichen auf Erlösung oder Hoffnung: die Situation auf den Schlachtfeldern war dramatisch und wurde in den Konzentrationslagern mit dem ständigen Zuwachs an Gefangenen noch dramatischer.

Jeder Tag in Bergen-Belsen war ein weiterer Tag zum Sterben, ein weiterer Tag, um für sein Überleben zu kämpfen. Nach allem, was ich durchgemacht hatte, war es für mich ein Wunder, dass ich überhaupt noch lebte. Doch lag noch ein langer Kampf vor mir, bevor ich diesen Ort verlassen konnte. Als ich ganz allein war, machte ich die schwerste Zeit durch und sah dem Tod ins Gesicht. Ich war so weit gekommen. Ich würde mein Leben nicht aufgeben. Das Jahr 1945 sollte entscheidend werden, sowohl für den Krieg, als auch für mein eigenes Leben.

6 WIEDERVEREINT MIT ANNE FRANK

Im Januar 1945 begann das Leben in Bergen-Belsen wahrlich aussichtslos zu werden. Ich fragte mich ständig, ob ich überleben würde. Wenn es auch bisher schon schwer gewesen war dort zu leben, so wurde es bald unmöglich, da es keinen Platz mehr gab, um weitere Gefangene aufzunehmen, und doch täglich neue Insassen aus anderen Konzentrationslagern eintrafen. Die selbe Routine aus Appellen, Misshandlungen und Zwangsarbeit nahm ihren Lauf. Es verbreitete endlose Angst.

Das alleine sein veränderte meine Sicht aufs Überleben. Ich konnte nicht länger auf den Schutz meiner Eltern und meines Bruders bauen. Obwohl sie genauso entkräftet gewesen waren wie ich, hatte mir ihre Nähe immerzu ein Gefühl der Sicherheit gegeben. Trotz allem war es meine Liebe zu ihnen gewesen, die mir die Kraft gegeben hatte weiterzumachen. Jetzt musste ich für mich selbst sorgen und fürchtete mich allzeit davor krank zu werden oder mein Bewusstsein zu verlieren. Wer würde sich um mich kümmern, sollte mir so etwas passieren?

Die Hygienezustände waren jämmerlich und auch wenn wir schon von Beginn an unter Essensmangel litten, so wurde die Situation mit der Überfüllung der Lager unerträglich. Alle waren geschwächt und überall sah man Menschen den Umständen verfallen; Krankheiten waren allgegenwärtig.

Täglich starben etwa fünfhundert Insassen. Dieser Durchschnitt erfreute Kramer sehr und er war stolz auf sein Personal. Ich begann inmitten der Toten zu leben; es schien als wäre ich ihnen näher als den Lebenden. Leichen lagen überall herum und keiner scherte sich darum sie aus dem Lager zu schaffen. Jene von uns, die noch am Leben waren, waren nicht so viel lebendiger als die Toten, als das wir in der Lage gewesen wären uns darum zu kümmern.

Krematorien kamen mit der Anzahl an Toten, die in Bergen-Belsen verbrannt werden mussten, nicht hinterher. Einige Gefangene mussten Leichen in Schubkarren transportieren und in Massengräber abladen. Doch auch ihnen war es nicht möglich gegen die wachsenden Leichenberge anzukommen. In der Gegenwart so vieler Toter zu leben war die Hölle und ich fragte mich verzweifelt: „Mein Gott, werde ich eines Tages auf diesem Haufen liegen? Bin ich die nächste, die stirbt und dort liegen gelassen wird, als wäre ich nichts, als hätte ich keinen Namen?" Der Geruch war nicht zu ertragen; der Gestank von Krankheit und Tod.

Gefangene starben am Tag und in der Nacht. Es war nicht ungewöhnlich im Schlaf die Geräusche des Todes zu vernehmen. Man hörte dieses angsterfüllende Geräusch, dem Schnarchen ähnlich, und wir wussten, dass jemand gestorben war. Es war ihr letzter Atemzug gewesen.

Ich kämpfte mich durch diese aussichtslose Situation, versuchte einen Tag zu überleben, dann den nächsten, während ich auf wer weiß was wartete, vielleicht auf ein Wunder, das uns aus diesem

Alptraum erwachen lassen würde. Bis jetzt schien es keinerlei Hoffnung darauf zu geben. Für jene, die an der Front kämpften, waren wir keine Priorität. Bergen-Belsen war ein Ort des Chaos, welcher eine Welt im Krieg wiederspiegelte.

Am 27. Januar 1945 wurde das Auschwitz-Birkenau-Lager von der Roten Armee der Sowjetunion, trotz Gegenwehr deutscher Soldaten, eingenommen. Nachdem Millionen von Menschen an diesen gottlosen Ort gebracht und in Gaskammern ermordet wurden, trafen die Sowjets auf etwa achttausend Gefangene, welche unter abscheulichen Bedingungen lebten. So wie es der Fall in allen Nazi-Lagern war.

Edith Frank war Anfang des selben Monats gestorben, nachdem ihr ihre Töchter genommen und nach Bergen-Belsen geschickt wurden. Anne und Margot wussten nichts von ihrem Tod und hofften weiter sie irgendwann wiederzusehen. Otto überlebte jedoch und wurde aus Auschwitz befreit. Wären Anne und Margot in Auschwitz geblieben und hätten die sowjetische Übernahme mit ansehen können, hätten sie dann überlebt? Das lässt sich nicht mit Sicherheit sagen. Schließlich bedeutete jeder neue Tag nicht mehr Hoffnung, sondern nur eine weitere Möglichkeit zu sterben.

Es war zu dieser Zeit, dass ich auf meine Freundin aus der jüdischen Schule traf. Ich war völlig allein im Lager, daher war es unvergesslich emotional jemanden wiederzusehen, den ich kannte. Liebe und Freundschaft waren unsere einzigen Hoffnungsschimmer in all dem Chaos.

Eines Tages, als ich außerhalb des Barackenbereiches war, näherte ich mich dem Stacheldrahtzaun, der mich von den anderen Teilen des Lagers abschnitt. Auf der anderen Seite des Zauns sah ich ein Gesicht, welches mir bekannt vorkam. Es war Anne Frank!

Anne sah so zerbrechlich aus wie ich. Ich hatte noch meine Haare, aber ihre waren abrasiert worden. Nicht mehr als einen Blick auf sie konnte ich erhaschen, da wir in unterschiedlichen Lagern waren und ich nicht näher kommen konnte. Doch war es genug, um in mir das Bedürfnis zu entfachen sie zu sehen und mit ihr zu sprechen. Sicherlich hatten wir uns eine Menge zu erzählen.

Ich konnte es kaum erwarten sie wiederzusehen. Es war frustrierend jemanden zu erblicken, den man kennt, der einem ein wenig Trost spenden könnte, und durch einen Zaun von der Person getrennt zu bleiben, gefangen und isoliert. Ich wollte das Problem irgendwie lösen, um an sie heran zu kommen, doch an diesen Zaun vorbeizukommen war Selbstmord; es wäre nicht möglich gewesen.

Irgendwie schaffte es das Schicksal jedoch uns zusammen zu bringen. Die finalen Schlachten des Krieges nahmen ihren Lauf und die kommende Niederlage der Deutschen brachte ihre Ordnung durcheinander. Sie arbeiteten hart, um die Befreiung zu verhindern, versuchten aber gleichzeitig jegliche Spuren zu vernichten, die auf die unvorstellbaren Gräueltaten in den Lagern hinwiesen. Bevor die Sowjets in Auschwitz ankamen, versuchten die Nazis dort alles ihnen erdenklich mögliche, um ihre Aufzeichnungen, welche die Geschehnisse im Lager im Detail beschrieben, verschwinden zu lassen.

Abgesehen von den Gaskammern wollten sie in Auschwitz vor allem auch die makabren Experimente vertuschen, welche sie dort vorgenommen hatten—menschenverachtende, medizinische Experimente, die zumeist mit dem Tod der „Patienten" endeten. Josef Mengele, welcher unter den Gefangenen im Lager als „Todesengel" bekannt war, führte seine Experimente durch, um ein tieferes Verständnis von Rasse und anderen ideologischen Konzepten der Nazi-Doktrin zu erlangen. Er injizierte Tinte in die Augen Gefangener, um zu sehen, ob sich ihre Augenfarbe änderte. Er führte schreckliche Experimente an Zwillingen durch, um die Genetik des Menschen zu erforschen. In Auschwitz wurden Menschen auch sterilisiert, um Juden, Roma, und andere

Reichsfeinde weitläufig daran zu hindern Kinder zu zeugen. Nur eine von so vielen Arten und Weisen auf die man versuchte die „Ungewollten" auszuradieren.

Fritz Klein war ein medizinischer Doktor in Auschwitz und nahm, zusammen mit Josef Mengele, die sogenannten Selektionen vor— was bedeutete, dass das Schicksal der Lagerinsassen in ihren Händen lag. Im Januar 1945 erreichten er und weitere brutale SS-Mitglieder Bergen-Belsen.

Auch in Bergen-Belsen versuchten die Nazis jegliche Aufzeichnungen von Gefangenen oder den an ihnen vorgenommen Grausamkeiten verschwinden zu lassen. Es gab außerdem Dokumente, welche die SS-Mitglieder, die dort arbeiteten, identifizierten, was für sie zu großen Problemen führen würde, sollte Deutschland den Krieg wirklich verlieren. Die Verantwortung für all die begangenen Gräuel würde auf sie fallen.

Inmitten dieser chaotischen Umstände realisierte ich, dass um das Gebiet, in dem ich lebte, keine Zäune mehr standen. Ich konnte meinen Augen nicht glauben! Es geschah ohne jede Warnung, ohne jede Erklärung. Vielleicht war es ein Zeichen, dass etwas großes den Verlauf des Krieges verändert hatte, doch ich konnte nur daran denken, dass ich jetzt die Möglichkeit hatte nach Anne zu suchen und mit ihr zu sprechen.

Ich gelangte in das Areal, welches mir bis jetzt nicht zugänglich gewesen war, und ging weiter. Natürlich war es nur ein eingeschränktes Freiheitsgefühl, doch ich konnte weiter gehen als zuvor. Ich hatte mehr Platz zum Erkunden und ich war entschlossen mein Ziel zu erreichen!

Ich wandelte in dem Lager umher und suchte nach Anne. Ich hoffte wirklich sehr sie zu finden; schließlich konnte es auch gut sein, dass sie bereits tot war, so wie so viele an diesem Ort. Doch ich hatte sie noch nicht aufgegeben.

Dasselbe Schicksal, welches es uns so schwere Bürden auferlegen kann, beschenkt uns manchmal mit den schönsten Momenten. Ja, ich war in einem Konzentrationslager, geschwächt und niedergeschlagen, aber auf Anne zu treffen war ein großes Glück! Ich konnte kaum glauben, dass ich sie gefunden hatte und sie noch am Leben war!

Ich konnte meine Aufregung und Freude nicht zurückhalten und rief: „Anne!" Sie hörte ihren Namen und fragte sich vermutlich, wo diese bekannte Stimme herkam. Sie drehte sich zu mir um und ich erblickte dieselben Augen und dasselbe Lächeln, welche ich so oft in der jüdischen Schule gesehen hatte. Was für ein Moment! Sie hatte eine Decke um sich gewickelt, da sie die Läuse in ihren Klammotten nicht mehr ertragen konnte, und zitterte vor Kälte. Wir liefen aufeinander zu und umarmten uns. Tränen liefen unsere Wangen hinunter. Tränen, die gemischte Gefühle hervorbrachten: sie waren Tränen der Freude und der Erleichterung, weil wir uns trotz aller Widrigkeiten wiedersehen konnten, doch es waren auch Tränen der Trauer, wegen der erschütternden Verfassung in der wir uns befanden, weil wir beide ohne unsere Eltern und ohne jeden Schutz dastanden.

Es ist noch heute ein Rätsel für mich, wie wir uns überhaupt wiedererkannten: zwei Skelette an einem Ort, an dem jeder nur noch Haut und Knochen war. Doch diese vertrauten Augen enthüllten unsere gemeinsame Vergangenheit und es gab keinen Zweifel, dass wir beide da waren, zusammen. So verweilten wir für einige Zeit und hielten einander fest, vielleicht weil wir menschlichen Kontakt in diesem Moment mehr brauchten als je zuvor. Wir waren nicht nur hungrig, verzweifelt und traurig; uns dürstete es nach Menschlichkeit.

Wir beendeten unsere Umklammerung und atmeten tief durch, um überhaupt sprechen zu können. Wir hatten einander so viel zu erzählen! Das erste, was ich sie fragte, war: „Anne, hast du nicht versucht in die Schweiz zu fliehen?" Es war eine merkwürdige Frage, da sie doch genau vor mir stand, doch als die Franks verschwunden waren und Anne nicht mehr zur Schule gekommen war, dachten wir alle, dass sie es in die Schweiz geschafft hatten. Weil wir nie etwas anderes gehört hatten, glaubten wir einfach daran. Die Gerüchte waren von Mitgliedern der Familie Frank selbst gestreut worden, um alle davon zu überzeugen, dass genau das geschehen war, vor allem jene, die sie deportiert sehen wollten.

Anne antwortete: „Nein, wir gingen nicht in die Schweiz; wir hatten uns nur versteckt." Sie begann mir von dem geheimen Versteck zu erzählen, davon, wie das Leben auch dort schwer gewesen war, dass sie alles geheim halten mussten, um nicht deportiert zu werden. Otto Frank hatte sich entschieden mit seiner Familie zu fliehen, weil Margot bereits zur Zwangsarbeit rekrutiert worden war. Von da an waren sie auf der Flucht gewesen und konnten niemanden wissen lassen, dass sie noch immer in Amsterdam waren.

Anne erzählte mir von ihrem Alltag im Versteck: wie sie tagsüber nicht einmal die Toilette spülen konnten; dass sie auf die Güte von Freunden und Mitarbeitern ihres Vaters vertrauen mussten, welche ihnen geholfen hatten sich zu verstecken und ihnen Essen brachten; wie sie nicht zu laut reden oder sich zu viel bewegen durften, wenn die Angestellten arbeiteten. Trotz allem war Anne in der Lage gewesen zu lernen und einige Fernkurse zu machen.

Anne erzählte mir auch von dem Tagebuch, worin sie alles verewigt hatte, was in dem Hinterhaus geschehen war. Und von dem Radio, dass sie versteckt gehalten hatten, damit sie BBC hören konnten und auf dem Laufenden blieben, was den Krieg anging. Sie hatten auch eine offizielle Ansprache des im Exil lebenden, niederländischen Ministers Gerrit Bolkestein mitbekommen, in der er jeden dazu geraten hatte ihre persönlichen Aufzeichnungen sicher zu verwahren. Er war der Meinung gewesen, dass

Tagebücher nach dem Krieg veröffentlicht werden würden, damit die Nachwelt erfahren konnte, was damals in den Niederlanden geschehen war. Seine Ansprache war besonders aufregend für Anne gewesen, da sie bereits davon geträumt hatte ihr Tagebuch zu publizieren und Schriftstellerin zu werden.

Wir standen da, träumten von der Veröffentlichung ihres Buches, von einer Zukunft, in der sie eine berühmte Autorin werden würde, dafür bekannt den Krieg überlebt zu haben. Wir träumten von einem anderen Leben für uns beide, weit weg von diesem Ort. Das war ein magischer Moment, in dem wir dieser bedrückenden Realität entflohen und ein paar Minuten in einer Welt voller Träume verbrachten. Inmitten all des Chaos waren wir noch immer in der Lage zu träumen.

Anne war auch die erste Person, die mir von Auschwitz erzählte—genau genommen von dem Grauen in Auschwitz. Vor unserer Konversation hätte ich mir niemals vorstellen können, was da vonstattengegangen war. Sie erzählte mir von den Viehwagen und den Selektionen, welche darüber entschieden, ob Neuankömmlinge in den Gaskammern sterben oder wie Sklaven im Lager arbeiten sollten. Sie sprach auch von der Zugreise nach Bergen-Belsen. Eben noch zwei junge Träumerinnen, wurden wir nun schnell wieder zu kleinen Mädchen, die sich vor der Realität fürchteten.

Margot war auch da. Beide Schwestern machten sich große Sorgen um ihre Mutter, da sie noch am Leben gewesen war, als sie Auschwitz verlassen hatten, und sie darauf hofften sie wiederzusehen. Sie machten sich auch Gedanken um ihren Vater, da sie seit Auschwitz nichts von ihm gehört hatten und nicht wussten ob er noch lebte. Fragen die das unerbittliche Schicksal ihnen nie beantworten sollte, so wie so vielen nicht, die das Ende des Krieges nicht erlebten.

Anne, Margot und ich trafen uns danach noch einige Male. Wir sprachen immer darüber, was wir durchmachten. Ich erzählte ihnen, dass meine Familie nicht länger bei mir war. Doch leider dauerte es nicht lange bis unsere Treffen ein Ende fanden. Das Schicksal wollte es nicht länger erlauben, dass wir uns gegenseitig Trost spendeten; schon bald war ich wieder allein.

Eines Tages konnte ich Anne nicht finden. Ich hörte von einigen der Frauen im Lager, dass sie es nicht geschafft hatte. Margot und Anne waren im März jenen Jahres von uns gegangen, beide wegen einer Typhuserkrankung. Margot fiel von ihrem Bett und starb auf dem Boden—sie hatte nicht länger die Kraft aufzustehen—und Anne starb nur ein paar Tage später an derselben Krankheit.

Einige Leute fragen sich, ob Anne weiter um ihr Leben gekämpft hätte, hätte sie gewusst, dass ihr Vater noch am Leben war. Doch woher sollte jemand die Kraft nehmen weiterzuleben, gebeutelt von dieser verheerenden Krankheit, unter diesen Bedingungen? Können wir jemals behaupten, dass jene, die starben, schlichtweg ihren Lebenswillen verloren hatten? Wille spielte keine große Rolle in Bergen-Belsen. Überleben war abhängig von Glück— wenn nicht sogar von einem Wunder.

Anne Franks Tagebuch wurde nur sicher verwahrt und später publiziert, weil Miep Gies—eine der Personen, welche die Familie Frank beschützt hatten—das Tagebuch fand, nachdem die Franks in dem Versteck aufgefunden und gefangen genommen wurden. Sie entschied sich das Buch zu behalten und hatte später die Möglichkeit es Otto zurückzugeben. Bis heute weiß keiner wer die Familie Frank gemeldet hat. Es war ein wirklich trauriges Ende, so wie es das für die Leben vieler Juden war. Ganze Familien wurden vom Krieg zerstört.

Lies Goosens, eine andere Freundin, die auch in Bergen-Belsen war, war dem Sternlager zugewiesen worden, doch nicht dem selben Bereich in dem ich mich befunden hatte. Wir fanden es erst heraus, als wir uns nach dem Krieg wiedersahen. Lies sagte zu mir: „Du warst die einzige, die die Chance hatte Anne zu umarmen; ich konnte sie nicht einmal sehen. Ich konnte nur durch einen Zaun hindurch mit ihr sprechen und ihr ein wenig Essen zuwerfen." Ja, das Wiedersehen mit Anne war wirklich etwas sehr besonderes und emotionales.

Zu jener Zeit erreichte der Mangel an Essen ein unerträgliches, unmenschliches Maß. Die Nazis gaben uns tagelang weder Nahrung noch Wasser. Doch sie hörten nie damit auf uns zu peinigen. Eines Tages stand plötzlich ein Kessel mit Muscheln inmitten des Lagers, ohne jede Vorwarnung. Ich war am verhungern und konnte nicht länger ohne Essen aushalten. Trotzdem traute ich mich nicht näher zu kommen, da ich wusste, wie grausam die Nazis waren und dass all das Essen vergiftet sein konnte. Obwohl ich als Jüdin keine Meeresfrüchte aß, war mir völlig bewusst, dass mir die Muscheln nicht gut bekommen würden, wenn sie nicht frisch waren.

Es war unfassbar schwer auf diesen Kessel voller Essen zu blicken, so ausgehungert wie ich war, und nicht näher kommen zu dürfen. Nur jene, die mal am verhungern waren, wissen, wie machtlos und mental ausgelaugt man sich fühlt. Ich musste stark bleiben und weiterkämpfen. Ich war so weit gekommen; ich würde jetzt nicht aufgeben.

Gegen Ende des Krieges schien es als hätte der Tod sich entschieden mich noch ein paar Mal zu testen. Ich machte Ereignisse durch, die ich bis heute nicht erklären kann, doch irgendwie überwand ich sie alle und das Schicksal entschied, dass ich überleben sollte. Von all den Erfahrungen, die ich damals machte, brachten mich zwei am nächsten an den Rand der Zerstörung.

So viele starben inmitten des Chaos dieser Zeit, aber die Nazis ließen nicht von ihren zermürbenden Appellen ab, obwohl keiner von uns noch die Kraft hatte zu stehen. Ich konnte diesen endlosen Alptraum nicht länger ertragen—dieser Alptraum von dem es kein Erwachen gab. Während einer dieser Appelle befahl mir der „Ehrwürdige Lagerkommandant" Josef Kramer aus meiner Fünferreihe zu treten. Mein Herz begann zu rasen, denn dieser Befehl konnte alles Mögliche für mich bedeuten: würde er mich hier auf der Stelle töten; würde er seine Waffe ziehen und mich erschießen; er konnte mit mir machen, was er wollte. Zu meiner Erleichterung, vielleicht aus purem Glück, tat er mir nichts an.

Jedoch schienen diese paar Sekunden eine Ewigkeit anzudauern. Es gab nichts, was ich tun konnte, keine Chance zu fliehen. Ich befand mich in der verletzlichsten Position meines gesamten Lebens: ein Opfer, welches darauf wartete, dass ihr Schicksal von dem Monster gegenüber entschieden wird. Für eine Weile blieb mir der Atem weg, doch nichts geschah. Aber das war nicht das einzige Mal, dass mein Leben in der Hand dieser brutalen Menschen war. Um genau zu sein konnten sie mit mir von dem Moment an machen, was sie wollten, an dem wir deportiert worden waren.

Das andere Mal, bei dem ich dem Tod ins Gesicht schauen musste, war ein reelleres und furchteinflößenderes Ereignis. Die Nazis wussten nicht, was sie mit dem Verlauf des Krieges anfangen sollten. So effektiv indoktriniert und abgestimmt, verloren sie nun doch die Kontrolle. Sie hatten wahrlich geglaubt, dass sie Deutschland in den Sieg führen würden, dass das Arische Imperium alles erobern würde, doch die Niederlagen des Krieges ließen all diese Traumbilder langsam einstürzen. Nach allem, was geschehen war, begannen sie zu verstehen, dass der Sieg unerreichbarer geworden war als je zuvor.

Kurz vor dem Ende stand ich mal wieder in der Schlange, um ein wenig Wasser zu bekommen. Ich glich einem Zombie, so wie alle um mich herum, und versuchte einfach an das bisschen Wasser zu kommen, dass uns zur Verfügung stand. In dem Moment fühlte ich eine starke Hand an meinem Arm ziehen. Ich hatte große Angst, war aber nicht in der Lage zu reagieren. Die Hand riss mich aus der Schlange.

Als ich realisierte, was geschah, blieb mir das Herz stehen. Ein SS-Soldat richtete seine Waffe auf mich. Ich finde keine Worte dafür, wie angsterfüllt und machtlos man sich fühlt, wenn man den Lauf einer Waffe vor sich sieht—eine Waffe, die dein Leben beenden kann. Doch in dem Moment reagierte ich nicht, weil es mich einfach nicht mehr kümmerte. Dieser Mann zeigte mit einer Waffe auf mich, aber ich hatte doch bereits alles verloren: mein Haus, meine Familie, meine Identität. Sie hatten mir alles genommen. Dass sie mir nun auch mein Leben nehmen würden, war das gebührende Ende.

Ich muss so teilnahmslos ausgesehen haben, so emotionslos, dass es diesem Monster wahrscheinlich den Spaß nahm. Er wünschte sich sicherlich, dass ich um mein Leben bettelte, dass ich vor Angst erstarrte, sodass sein Schuss das große Finale markieren würde: meinen Tod. Doch war das nicht, was geschah. Er war ganz verwirrt. Unklar darüber, was er mit einem so gleichgültigen Opfer machen sollte, schoss er einfach in die Luft.

Ich glaube ich konnte das Ausmaß dieses Moments und die Tatsache, dass ich so kurz vor dem Tod gestanden hatte, erst wirklich begreifen, als es schon vorbei war. Es war unglaublich, dass ich noch am Leben war; ein Wunder, dass ich von meiner Gleichgültigkeit gerettet wurde. Ich weiß nicht mehr, ob ich danach zurück in die Schlange ging. Vielleicht konnte ich mich nicht einmal mehr bewegen.

Die Nazis waren nicht das einzige, wovor ich mich fürchtete; ich hatte auch Angst vor Typhus, einer Krankheit so brutal wie die SS. Um mich herum sah ich ständig, wie Menschen davon dahingerafft wurden. Ich wusste, dass ich das nächste Opfer sein würde, falls ich mich anstecken sollte. Nach allem, was ich durchgemacht hatte, wollte ich nicht bewusstlos und todkrank daliegen und ganz alleine leiden. Doch ob und wann so etwas passiert kann man nie wissen.

Das Lager war voll mit kranken Menschen. Außer Typhus gab es auch Fälle von Tuberkulose und Ruhr—was eine unglaublich hohe Menge an Opfern forderte. Nach den ersten Monaten des Jahres 1945 waren tausende von Gefangenen in Bergen-Belsen gestorben. Es war ein Wunder, dass ich mich mit keiner dieser Krankheiten ansteckte—zumindest dachte ich das damals.

Der Krieg sollte schon bald unser Lager erreichen. Im Februar 1945 trafen sich die Alliierten in der Konferenz von Jalta, um die politische Zusammensetzung der Welt nach dem Sieg über die Achsenmächte zu besprechen—ein Sieg, der immer wahrscheinlicher wurde. Ein Großteil Deutschlands war bereits besetzt worden und die Deutschen zeigten Anzeichen dafür, dass sie die Kämpfe nicht mehr lange aushalten würden. Die Konferenz wurde von Winston Churchill (Großbritannien), Franklin D. Roosevelt (Vereinigte Staaten) und Josef Stalin (Sowjetunion) besucht. Die Alliierten planten schon die uneingeschränkte Kapitulation Deutschlands zu fordern, was dann auch am 8. Mai 1945, zusammen mit der Aufteilung deutschen Territoriums in Besatzungszonen, verkündet wurde.

Einige Teile des Landes waren bereits befreit worden, darunter auch einige Konzentrationslager, wie zum Beispiel Auschwitz im Januar. Berlin war bombardiert und in eine Landschaft der Zerstörung verwandelt worden. Der Krieg hatte Europa in Schutt und Asche gelegt.

Während all dies passierte und ihre Niederlage unabwendbar wurde, verließen einige SS-Wachen das Lager, um der Gefangennahme durch ihre Feinde zu entkommen, und es wurde eindeutig, dass schon bald etwas großes geschehen würde. Ihre Flucht änderte für uns jedoch zunächst nichts. Schließlich waren wir noch immer nicht frei. Ressourcen wurden für die Gefangenen an diesen letzten Tagen weiterhin immer knapper. Wir hatten keinerlei Nahrung und nur sehr wenig Trinkwasser zur Verfügung. Wir fragten uns, ob wir noch ein paar wenige Tage am Leben festhalten konnten, bis endlich jemand kam, um uns zu helfen.

Hitler war sich darüber bewusst, was passierte. Doch war er so wütend über seine Niederlage und empfand solchen Hass für die Gefangenen in den Konzentrationslagern, dass er es nicht verkraften konnte uns gehen zu lassen. Am 7. April 1945 erhielt Josef Kramer den Befehl alle Insassen in Bergen-Belsen zu exekutieren, anstatt uns den Feinden zu übergeben, welche uns einfach freilassen würden. Als die Nachricht Mitglieder des Jüdischen Weltkongresses in Stockholm erreichte, drängten sie Himmler dazu den Befehl zu verweigern. Tatsächlich gab Himmler nach, was Hitler unermesslich erzürnte.

Am 8. April kamen tausende von Gefangenen in Bergen-Belsen an, wo für keine weitere Seele mehr Platz war. Die Nazis standen mit dem Rücken zur Wand und wurden immer verzweifelter in ihrer Grausamkeit. Es waren nun siebzigtausend Gefangene im Lager; siebzigtausend Menschen, die nicht hingerichtet wurden, aber unter menschenverachtenden Bedingungen leben mussten. Es war nur eine andere Art des Massenmords.

Innerhalb des Lagers fragten wir uns bereits, ob der Krieg dabei war sein Ende zu finden. Wir hörten das Feuern von Kanonen nicht weit entfernt und sahen mehrmals alliierte Angriffsstaffeln über das Lager fliegen. Amerikanische und britische Flugzeuge flogen Tag und Nacht um uns herum. Bergen-Belsen wurde zum Zentrum einer Kriegszone.

Unsere Anspannung wuchs mit jeder Explosion. Wir waren verzweifelt und wütend, weil keine der Attacken gegen Bergen-Belsen gerichtet zu sein schienen. Amerikanische und britische Truppen ließen ihre Bomben nie über den Zugschienen und umliegenden Feldern ab, weil ihre Prioritäten einfach nicht bei uns lagen. Für sie war das Ziel der Schlacht die deutschen Truppen zu besiegen, nicht die Gefangenen von Bergen-Belsen zu befreien.

Ich war damals nur Haut und Knochen. Wenn ich mich selbst anschaute, konnte ich sehen, wie sich meine Knochen auf der Haut abzeichneten. Es schien als wäre ich ein wandelndes Skelett—ein wandelndes Skelett, welches nur noch einen letzten Hauch Leben in sich hatte. Nichts an meinem Aussehen erinnerte mich an das gesunde Mädchen, das ich einst gewesen war. Ich konnte mich selbst nicht erkennen. Am Ende des Krieges wog ich nur noch dreißig Kilogramm, ein gesundes Gewicht für ein Kind, aber nicht für eine sechzehnjährige Jugendliche.

Ich hatte noch immer nicht meine erste Periode gehabt. Mein Körper funktionierte nicht so wie er sollte. Während der Zeit im Konzentrationslager erlebten alle Frauen Aussetzer in ihrem Menstruationszyklus. Tatsächlich frage ich mich oft, ob das nicht vielleicht sogar besser so war, da die Hygienezustände ohne Damenbinden für Frauen sonst noch entwürdigender gewesen wären.

Es sollte Zeit brauchen, bis mein Körper wieder richtig funktionierte. Das Leben im Konzentrationslager hatte massive Auswirkungen auf meine Gesundheit und es würde eine ganze Weile dauern, bis ich mich erholte. Die Umstände, denen ich und alle anderen Gefangenen ausgesetzt waren, waren wahrhaftig verheerend.

Ich war vollkommen entkräftet; hatte weder Zeit noch Energie an meine Familie zu denken. Ich hatte gerade genug Kraft, um weiter zu atmen. So schwach war ich, dass ich nicht mehr gehen konnte. Wie die meisten Insassen, die nicht mehr in der Lage waren zu laufen, verbrachte ich einen Großteil meiner Zeit im Bett. Unser aller Gesichter waren bereits vom Tod gezeichnet.

Wie kann es sein, dass die Flugzeuge nicht kamen, um uns retten? Warum ließen die Deutschen uns nicht einfach gehen? Wieso konnten sie uns nicht in Ruhe lassen, obwohl sie den Krieg bereits verloren hatten? Die Befreiung Bergen-Belsens war nur einen Herzschlag entfernt. Doch für viele von uns bedeutete Befreiung nicht unbedingt Überleben. Unser ganz persönlicher Krieg würde niemals enden. Es sollte noch lange dauern, bis das alles wirklich vorbei war.

7 DIE BEFREIUNG VON BERGEN-BELSEN

Im April 1945 trugen Deutschland und Großbritannien eine Schlacht im Umfeld von Bergen-Belsen aus. Wir konnten den Lärm des Krieges näher kommen hören. Es waren Geräusche, die für viele Menschen sicherlich alles andere als Freude bringen würden, doch für uns in Bergen-Belsen repräsentierten sie Freiheit.

Das Lager war überfüllt mit kranken Menschen—eine Tatsache, welche die Deutschen besorgte, sowie die Befreiung der Gefangenen immer wahrscheinlicher wurde. Was würde mit der umliegenden deutschen Bevölkerung passieren? Sie mussten sich jetzt mit einer schrecklichen Situation auseinandersetzen, die sie selbst kreiert hatten.

So kam es, dass zwei deutsche Soldaten am 12. April 1945 vor den britischen Truppen die weiße Fahne schwangen. Was konnte das bedeuten? Was war ihre Intention? Sie hatten einen Vorschlag für die Briten. In der Nähe gab es ein Lager genannt Bergen-Belsen—ein Lager überrannt mit Typhuskranken. Die deutschen befürchteten, dass Gefangene, während einer Schlacht in so unmittelbarer Nähe, ausbrechen und die Krankheit verbreiten könnten, auch unter den britischen Truppen—als ob sich die Deutschen um die Gesundheit ihrer Feinde geschert hätten. Die Deutschen schlugen also vor, das umliegende Areal zur neutralen Zone zu erklären, in der keine Waffen abgefeuert wurden, was im Endeffekt bedeutete, dass das Lager ohne Widerstand an die Briten übergeben werden konnte.

Wegen dieser Abmachung waren viele der Wachen in Bergen-Belsen bereits geflohen. Sie waren sich über die Verhandlungen bewusst und wollten nicht länger verweilen und von den feindlichen Truppen gefangengenommen werden. Wenn es darum ging uns zu töten oder als „ekelhafte Parasiten" zu beschimpfen, hatten sie großen Mut bewiesen, doch sobald sie den Konsequenzen für ihre Taten ins Gesicht schauen mussten, hatte sie dieser wohl sofort verlassen. Das Abkommen wurde von beiden Seiten unterzeichnet, was bedeutete, dass sich das Schicksal für Bergen-Belsen nun endlich wenden würde.

Zunächst vertrauten die Briten den Deutschen nicht. Würden sie die neutrale Zone wirklich respektieren? Was sie jedoch im Lager selbst erwarten würde, war ihnen nicht bewusst. Würden diese erfahrenen Soldaten verarbeiten können, was sie dort bezeugen sollten? Konnte jemand, der auch nur das geringste Maß an Empathie besaß, den Blick auf diese Hölle auf Erden jemals überstehen?

Am Eingang des Lagers hatten die Deutschen ein Schild, worauf geschrieben stand „Gefahr: Typhus!", platziert. Wieso brachten sie dieses Schild an, wenn sie es doch waren, die diese Situation verursacht hatten? Sie hätten die Gefahr erkennen sollen, bevor es ein solches Ausmaß angenommen hatte. Doch es war ja ihr Ziel gewesen, dass wir dort alle an Typhus sterben, ohne, dass sie auch nur einen Finger rühren mussten. Sie wollten uns ausrotten.

Die Briten wurden in das Lager geführt, ohne zu wissen, was Bergen-Belsen war. Sobald sie ankamen, verlauteten sie per Megaphon: „Ihr seid jetzt sicher. Die Deutschen sind weg. Nahrung und Wasser sind auf dem Weg. Bitte bleibt in euren Baracken."

Ich erinnere mich an diesen Tag als wäre es gestern gewesen! Wir Gefangenen konnten kaum glauben, was wir da gerade gehört hatten. Wir würden nicht länger von den Deutschen gequält werden? Würden wir von nun an wieder ein anderes Leben führen können? Obwohl wir nun frei waren, hatten die meisten Gefangenen nicht die Kraft, um sich zu bewegen und wirklich zu verstehen, was geschah.

Ich war unglaublich schwach und am verhungern, als ich die Ankündigung hörte, und nahm sie mit gemischten Gefühlen auf. Tausende Gedanken schossen mir durch den Kopf und ich konnte sie nicht richtig verarbeiten. Ich war also frei und konnte wieder ein normales Leben angehen. Doch was sollte das für ein normales Leben sein? Ich hatte kein Zuhause mehr. Ich war nicht bei meiner Familie. Ich war kränklich und verkümmert. Wie sollte ich so leben? Würde ich je meine Mutter und meinen Bruder wiedersehen?

Die Briten waren schockiert von dem, was sie in Bergen-Belsen vorfanden. Überall lagen Leichen. Dazwischen war der Rest von uns, mehr tot als lebendig. Der Gestank der Verwesung war unerträglich. Der entsetze Blick jener Soldaten spiegelte den blanken Horror wieder, den wir dort erlebt hatten.

Das waren Soldaten, die darauf trainiert waren, Extremsituationen zu bewältigen, den Feind zu töten, und selbst die schlimmsten Situationen zu überstehen. Doch nicht einmal diese Menschen, an das Übel und Leid des Krieges gewöhnt, konnten ihren Augen glauben. Nicht einmal sie waren in der Lage das Ausmaß der Zerstörung zu fassen, derer sie dort Zeuge wurden. Sie hatten nicht gewusst, was sie in Bergen-Belsen erwarten würde, und viele verfielen danach für einige Zeit in einen Schockzustand.

Josef Kramer war nicht, wie viele andere SS-Soldaten, geflohen. Er war dort geblieben, um die feindlichen Truppen zu empfangen und ihnen das Lager auszuhändigen, als ob es eine Art Übergabezeremonie gegeben hätte, um den Akt zu besiegeln. Er war kaltblütig genug, um den Stand der Lage in Bergen-Belsen zu erklären, ohne auch nur einen Funken von Emotion zu zeigen. Es war verblüffend, die vollständige Abwesenheit von Empathie in diesem Mann erkennen zu können, inmitten des absoluten Grauens, welches er selber erschaffen hatte. Die britischen Soldaten standen dem fassungslos gegenüber, was sie bei ihrer Ankunft sahen und hörten. Nachdem das Lager genauer inspiziert wurde, nahm man Kramer und die restlichen SS-Mitglieder in Haft. Von jetzt an waren *sie* die Gefangenen.

Von dem Moment an, an dem unsere Befreier Bergen-Belsen betraten, wurde es als „Horrorlager" bekannt und wird noch heute so genannt. Der menschenverachtende Zustand derer, die noch am Leben waren, war so entsetzlich, dass man sie kaum als Überlebende bezeichnen konnte. Der Anblick war fürchterlich, unfassbar, und trotzdem musste schnell gehandelt werden, um noch schlimmeres zu verhindern. Es war mehr als dringlich, dass man sich sofort um die Lieferung von Nahrung und Wasser kümmerte.

Es war wirklich eine große Herausforderung für diese britischen Soldaten, auf nichts anderes vorbereitet als die Schrecken des Krieges. Nun mussten sie mit dem klarkommen, in das sie da hineingeraten waren. Woher sollte plötzlich das Essen für diese unterernährten Menschen kommen? Wie sollten sie jenen wieder Leben einflößen, die sich bereits tot fühlten, denen jede Menschlichkeit genommen wurde? Darauf hatte man sie nicht vorbereitet.

Obwohl Bergen-Belsen befreit worden war, ist es wichtig nicht zu vergessen, dass wir uns noch immer im Krieg befanden. Unsere Realität im Lager begann sich zu wandeln, doch von außerhalb konnte man noch immer Schüsse und Kanonenfeuer vernehmen. Es war schwer an Nahrung und Medizin zu kommen. Man konnte nicht einfach irgendwo hingehen und eine große Menge davon abholen. Trotzdem taten die britischen Soldaten ihr bestes; sie versuchten mit aller Macht die Gefangenen von Bergen-Belsen zu retten.

Einen Tag nach der Befreiung kamen Militärwagen voll mit Konservendosen an, gedacht für die Soldaten. Wenn sie jetzt denken wir hätten sofort unseren Hunger stillen können, liegen sie falsch. Auch wir dachten das, aber so kam es nicht. Da die britischen Soldaten keinerlei Erfahrung mit extremer Unterernährung hatten, oder sich dem Ausmaß der Katastrophe nicht bewusst waren, kam keiner auf die Idee, dass das Essen vielleicht schädlich für uns sein könnte. Viele der Insassen starben wegen dieses Essens. Ja wirklich, so war es: einige von uns waren so geschwächt, dass ihre Körper die Menge an Kalorien, die ihnen auf einmal zugeführt wurden, nicht verarbeiten konnten. Viele waren am verhungern und begannen so schnell zu essen, dass sie dabei kaum atmen konnten und dann starben sie, weil ihre Körper nicht vertragen konnten, was sie aßen.

Laut Schätzungen der britischen Truppen starben etwa zweitausend Menschen daran, dass sie zu schnell zu viel Nahrung zu sich nahmen. Wie soll man sowas verstehen können? Nachdem sie für so lange Zeit hatten hungern müssen, nachdem ihnen jegliche Rechte genommen worden waren, waren sie nun endlich frei und bei der ersten Möglichkeit den Hunger zu stillen, schieden sie dahin, weil es zu viel war. Offensichtlich waren die Konsequenzen des Lebens in einem Konzentrationslager nicht auf das Lager selbst beschränkt—jene, die überlebten, würden die

Bürde dieser Erfahrung für den Rest ihres Lebens mit sich schleppen.

Auch ich erlag fast dem Essen. Einer der britischen Soldaten gab mir eine Dose mit Kondensmilch, doch ich nahm nur sehr wenig davon zu mir, da sie mir nicht schmeckte. Wahrscheinlich wäre ich heute nicht am Leben, hätte ich auf meinen Hunger gehört und die ganze Dose verschlungen. In meiner Verfassung wäre mein Körper sicherlich nicht dazu in der Lage gewesen, mit all dem Zucker und den Kalorien klarzukommen. Einmal mehr war es Glück, dass mich rettete. Das Schicksal half mir zu überleben.

Die Situation in Bergen-Belsen war so heikel, dass Insassen auch nach der Befreiung noch an Unterernährung und Krankheiten starben. Einige waren so verkümmert, dass es keine Hoffnung auf Heilung mehr für sie gab; sie warteten einfach auf ihren letzten Atemzug. Das ist es, was eine so skrupellose Ideologie, wie die der Nazis, bei unschuldigen Menschen anrichten kann.

Leonard Berney war einer der Soldaten, die bei der Befreiung von Bergen-Belsen vor Ort waren. Er war ein Jude und fünfundzwanzig Jahre alt, als er das Lager betrat, ohne zu wissen was er vorfinden würde. Was er dort sah, war so schockierend, dass er es den Rest seines Lebens nicht vergessen sollte. Und er war zumindest ein wenig älter als die meisten seiner Kameraden, von denen die Mehrheit nicht einmal zwanzig waren. Schon in so jungem Alter wurden diese Männer mit dem Bösen konfrontiert, welches in der Seele der Menschen schlummern kann.

Eine von Berneys ersten Aufgaben in Bergen-Belsen war die Wiederherstellung der Wasserversorgung, welche von den fliehenden SS-Soldaten sabotiert worden war. Sobald er dies erledigt hatte, wurden ihm sofort neue Unterfangen auferlegt, da es im Lager so unglaublich viel zu tun gab.

Jetzt, wo ich frei und alleine war, begann ich darüber nachzudenken, dass ich meine Familie in England über meine

Situation informieren sollte, damit sie mich nach all dem Horror unterstützen konnten. Ich war nicht die einzige, die Unterstützung nötig hatte; die meisten Gefangenen waren weit entfernt von Zuhause und brauchten Hilfe, um heimkehren zu können. Aus diesem Grund sprach ich eines Tages Leonard Berney an, welcher an einem Schreibtisch saß und Notizen niederschrieb. Ich fragte ihn, ob ich einen Brief zu meiner Familie nach England schicken könnte, um sie wissen zu lassen, dass ich in Bergen-Belsen war, in Sicherheit. Er starrte mich an, vielleicht davon überrascht, wie gut mein Englisch war, da es für die Insassen des Lagers eher unüblich war die Sprache zu beherrschen. Ich gab ihm die Adresse meiner Tante und er verfasste einen Brief, in dem er meinen Verwandten von meinem Überleben und meinem Standort berichtete. Er schickte diesen ersten Brief am 21. April 1945 Richtung England. Ich habe ihn bis heute behalten. Lustigerweise buchstabierte er meinen Namen darin falsch—er schrieb Ninette statt Nanette.

Weil ich Englisch und auch andere Sprachen gut sprechen konnte, begann ich den Soldaten im Lager als Übersetzerin auszuhelfen. Sie hatten Schwierigkeiten mit den Insassen zu kommunizieren, da es Menschen aus so vielen verschiedenen Nationen waren und kaum jemand Englisch sprach. So kam es, dass mir meine Sprachfertigkeit in Englisch, Deutsch, Französisch und Niederländisch von großem Nutzen war.

Ich erinnere mich gerne an Leonard Berney. Schließlich hat er, als Teil der britischen Armee, mein Leben gerettet. Er betrat das Lager mit der Absicht uns zu befreien und war entsetzt über das was er vorfand, zeigte wahres Mitgefühl für uns und was wir durchgemacht hatten. Außerdem half er mir meiner Familie zu schreiben. Nach vielen, trostlosen Monaten war er der erste, der mir Hilfe anbot. Es war schön, daran erinnert zu werden, dass es noch immer gute Menschen auf der Welt gab.

Ein weiteres Problem, mit dem sich die Briten auseinandersetzen mussten, waren die vielen Leichen, die überall im Lager verteilt lagen. Das Krematorium hatte nicht die nötige Kapazität, da es sich wirklich um Berge von Toten handelte. Die Deutschen hatten nicht einmal den Anstand gehabt sie in die dafür angelegten Gruben zu werfen.

Die Anzahl von Toten in Bergen-Belsen war eindrucksvoll und schreckenserregend. Als die britischen Truppen im Lager eintrafen, lagen dort etwa zehntausend Leichen verstreut. Und diese Zahl wuchs auch danach weiter, da die Menschen noch immer unter den Konsequenzen ihrer Gefangenschaft litten. Einige waren so schwach, dass sie selbst mit der besten Versorgung nicht überlebt hätten.

Die Körper der Toten stellten die Briten vor eine große Herausforderung. Sie bemerkten, dass die Deutschen riesige Gräben ausgehoben hatten und entschieden sich diese Arbeit fortzusetzen. Anders wäre es nicht möglich gewesen die tausenden von Leichen zu begraben. Und wem überließen sie diese Aufgabe? Denselben Leute, welche das Ganze niemals hätten in Gang setzen dürfen: den Deutschen. Einige der SS-Wachen, die dort geblieben waren, wurden gezwungen die Körper aufzulesen und in den Gruben zu platzieren. Es war unglaublich, wie gleichgültig sie ihre fürchterliche Arbeit verrichteten. Sie zeigten kein bisschen Reue.

SS-Mitglieder transportierten die Leichen unter der aufmerksamen Aufsicht ehemaliger Gefangener, welche nur kurz zuvor von eben diesen Wachen so schrecklich behandelt worden waren. Es war widerlich und zugleich fast amüsant, wie man die Rollen getauscht hatte—jetzt musste die SS Befehle befolgen. Deutschland hatte den Krieg wahrlich verloren.

Sie brauchten mehrere Tage, um die Arbeit zu Ende zu bringen. Die Zerstörung, welche die Deutschen angerichtet hatten, brauchte gleichwertige Mühe, um wieder richtiggestellt zu werden. Es brauchte seine Zeit, bis die Todesrate in Bergen-Belsen endlich zurückging. Würden sich die Dinge jetzt bessern?

Nachdem alle Leichen entfernt worden waren, arrangierte man eine würdevolle Beerdigung, für die man einen Rabbi in das Lager brachte. Die Briten bestanden auch auf die Anwesenheit von Beamten und Anwohnern aus den benachbarten Städten, um die verheerenden Folgen ihrer Weltanschauung mit eigenen Augen zu bezeugen.

Es war ein verblüffendes Bild: tausende Körper auf einem riesigen Haufen, zusammen begraben. Die Deutschen schauten sich alles an und konnten nicht länger so tun als wüssten sie nichts. Armeefotographen und Kameramänner fingen die Szene ein, damit niemand jemals behaupten könnte, es wäre nicht geschehen, damit das, was in Bergen-Belsen passiert war, nie vergessen werden würde.

Nun, da eine gewisse Ordnung eingekehrt und würdevolle Bedingungen wiederhergestellt worden waren, mussten die Briten einen neuen Ort finden, an dem die ehemaligen Gefangenen unterkommen konnten. Schließlich war das Lager noch immer eine Brutstätte für Krankheiten, an dem man ihre Gesundheit nicht hätte sicher stellen können.

In dem umliegenden Gebiet fand Leonard Berney eine Anlage, die den Deutschen als Panzerschule gedient hatte. Nicht nur gab es dort mehr als genug Essen, sondern auch viel Platz und Komfort. Die Briten konnten kaum fassen, dass die Deutschen, unweit von Bergen-Belsen, so viele Vorräte gehortet hatten. Wir hätten nicht hungern müssen. Es zeigte die kalkulierte Grausamkeit von Hitlers Soldaten.

Die Briten bereiteten die Panzerschule vor, um die ehemaligen Gefangenen dorthin zu transferieren. Doch einige waren so krank, dem Tod so nahe, dass man ihnen nicht helfen konnte. Sie wurden in ein provisorisches Krankenhaus gebracht, während jene, die in besserer Verfassung waren—was so viel hieß wie, dass sie gehen konnten—in das Erholungslager geführt wurden.

Ich konnte kaum glauben, dass ich nach all diesen Monaten das Konzentrationslager verlassen würde. Auch wenn es nicht weit weg war, war es befreiend zu wissen, dass ich nicht länger an einem Ort verweilen würde, welcher mich an den Tod meines Vaters erinnerte, an den Verlust meines Bruders und meiner Mutter sowie an all die schrecklichen Erfahrungen, die ich dort hatte durchmachen müssen. Ich würde endlich frische Luft außerhalb von Bergen-Belsen atmen können.

Unser Transfer in die Panzerschule wurde vorbereitet und die Soldaten standen vor einer weiteren Hürde: sie hatten Schwierigkeiten die ehemaligen Gefangenen für die Reise zu koordinieren, weil sich viele kleine Gruppen geformt hatten und man sich nicht voneinander trennen lassen wollte. Nach all dem, was wir durchgemacht hatten, brachte die gewohnte Gesellschaft ein wenig Trost und Sicherheit.

Da ich zu keiner dieser Gruppen gehörte, störte mich dieser Vorgang nicht. Um ehrlich zu sein konnte ich es nicht erwarten Bergen-Belsen endlich zu verlassen! Ich konnte mir nicht vorstellen dort auch nur einen weiteren Tag zu verbringen, jetzt, wo ich frei war. Dementsprechend war ich eine der ersten, die in das Erholungslager geführt wurden, da ich außerdem relativ gesund und in der Lage zu gehen war.

Bevor wir jedoch dorthin gebracht wurden, mussten zuerst die hygienischen Verhältnisse der ehemaligen Gefangenen verbessert werden, um die fortschreitende Verbreitung von Krankheiten zu verhindern. Die Soldaten besprühten uns mit einem Puder, welches alle Läuse auf unserem Körper töten sollte, wonach wir dann mit einem Stück Seife unter die Dusche duften und uns mit einem Handtuch abtrocknen konnten. Die Dusche fühlte sich so wundervoll an! Das Wasser war so warm! Wie lange war es her gewesen, dass ich warmes Wasser auf meinem Körper gespürt hatte? Seife und ein Handtuch benutzen zu können! Was für ein großartiges Gefühl!

Die Möglichkeit eine richtige Dusche zu nehmen war herrlich. Sich als schmutzig zu empfinden ist sowohl physisch als auch psychologisch erniedrigend und durch die Dusche konnte ich mich wieder wie eine normale, junge Frau fühlen. Ich war sauber, durfte sogar Seife benutzen und mich mit einem Handtuch abtrocknen— welch ein Luxus für uns in Bergen-Belsen.

Als ich in dem Erholungslager ankam, begann ich, zusammen mit anderen ehemaligen Gefangenen, in der Küche zu arbeiten. Dort fanden wir neue Perspektive! Wir waren von Menschen umgeben, die uns wirklich helfen und retten wollten; Menschen, die nicht der Meinung waren, dass unsere Leben nichts wert waren, so wie es mir jeden Tag meines Lebens seit September des Jahres 1943 vorgemacht wurde. Wir ehemalige Gefangene konnten uns jetzt wieder wie Menschen fühlen, auch wenn wir noch immer unter dem Trauma der jüngsten Vergangenheit litten. Man sah zu dieser Zeit weiterhin häufig Menschen mit teilnahmslosen Gesichtern.

Ich arbeitete nur ein paar Tage in der Küche. Dann geschah, wovor ich mich am meisten gefürchtet hatte: Ich hatte mich mit Typhus angesteckt. Es ist eine zunächst stille Krankheit und es ist unvorhersehbar, wann sich Symptome bemerkbar machen werden. Wenn es dann passiert, ist es heftig. Die Inkubation dauert im Durchschnitt ein paar Wochen und geht dann in ein starkes Fieber über. Ich fiel ins Koma.

So wie ich steckten sich auch viele andere ehemalige Gefangene mit Typhus an und wurden in ein Krankenhaus gebracht. Sogar die von uns, die zunächst relativ gesund ausgesehen hatten, waren es am Ende nicht. Wie hätte man in Bergen-Belsen gesund bleiben können?

Ich bin mir nicht sicher wann genau ich endlich aufwachte, doch ich befand mich wahrscheinlich für etwa zwei Wochen im Koma. Als ich zu mir kam, lag ich auf einer Strohmatratze auf dem Boden.

Ich weiß nicht, wer sich um mich gekümmert hatte—ich weiß nur, dass ich plötzlich wieder bei Bewusstsein war.

Einmal mehr war es ein Wunder, dass ich noch am Leben war. So viele Menschen in Bergen-Belsen litten an Typhus und so viele davon starben, wie Anne und Margot Frank. Ich war dem Tod aufs Neue entwischt, trotz der mangelnden Medizin und schlechten Versorgung. Das Glück schien auf meiner Seite.

Es ist schwer zu sagen, wieso genau ich überlebte und andere nicht. War mein Körper weniger anfällig? War mein Überleben von Anfang an vorbestimmt? In meiner Zeit in Bergen-Belsen sah ich tausende von Menschen sterben, darunter mein Vater, und ich fragte mich ständig, ob ich die nächste sein würde. Aber hier war ich nun. Bis heute habe ich keine konkrete Erklärung dafür; ich weiß nur, dass ich die gesamte Zeit über viel Glück hatte und mutig weitergekämpfte, egal, was für Hindernisse mir in den Weg gestellt wurden.

Während ich mich vom Typhus erholte, schickte Leonard Berney meiner Familie einen weiteren Brief, um sie über meine Verfassung zu informieren und ihnen zu versichern, dass man sich gut um mich kümmerte. Der Brief wurde im späten Mai 1945 abgeschickt, als sich die Situation für alle im Lager bereits verbesserte.

Am 19. Mai 1945 wurde der letzte ehemalige Gefangene von Bergen-Belsen zur Panzerschule gebracht. Ein voller Monat war vergangen, bis jeder von uns diesen Ort endgültig verlassen hatte. Es hatte viele Helfer gebraucht, um das möglich zu machen: britische Soldaten, Medizinstudenten aus England und Krankenschwestern aus den benachbarten deutschen Städten— einige der ehemaligen Gefangenen verspürten Hass gegenüber dieser Krankenschwestern, da sie trotzdem Deutsche waren. Keiner dieser Helfer war auf das vorbereitet, was sie in Bergen-Belsen vorfanden, doch sie bewiesen die Stärke, die es brauchte, um den ersten Schock zu bewältigen und uns zu helfen. Niemand war je wirklich darauf vorbereitet, was in diesem Lager des Horrors geschehen war.

Da sich Bergen-Belsen in dem heruntergekommenen Zustand nicht unterhalten ließ, musste es abgebrannt werden. Alle Baracken wurden in Brand gesteckt und jede Spur dessen, was dort passiert war, wurde ausgelöscht. Die letzte Baracke wurde am 21. Mai 1945 verbrannt.

Vielleicht wurde das gesamte Lager von den Flammen verschlungen, doch das Feuer konnte nicht aus unserem Gedächtnis brennen, was uns da geschehen war. Keiner, der je dort gewesen war, sowohl ehemalige Gefangene als auch die, die nach der Befreiung ausgeholfen hatten, konnte diesen Ort des Unheils vergessen.

Genau wie Bergen-Belsen neigte sich auch der Krieg seinem Ende zu. Da die Deutschen nicht länger Widerstand leisten konnten und ihre Niederlage bereits feststand, entschieden sich die Nazis aufzugeben. Am 8. Mai 1945 trat die bedingungslose Kapitulation der deutschen Wehrmacht in Kraft. Der Krieg selbst endete jedoch erst am 2. September des Jahres mit der Kapitulation Japans. Am 6. und 9. August bezeugte die Welt das Abwerfen von Atombomben in Hiroshima und Nagasaki durch die Amerikaner, was an beiden Orten ein nie zuvor gesehenes Ausmaß an Zerstörung verursachte. Es war ein weiteres Beispiel dafür, wie viel Schaden der Mensch anrichten kann und dafür, dass Krieg nur zu einer Sache taugt: Vernichtung.

Nun, da Bergen-Belsen nicht mehr existierte, wollten viele der ehemaligen Insassen unbedingt heimkehren. Manche hatten jedoch keineswegs das Bedürfnis in das Land zurückzukehren, aus dem sie gekommen waren. Das war vor allem für die aus Osteuropa, wie zum Beispiel aus Polen, der Fall. Jetzt, wo der Krieg vorbei war und die Deutschen jene Territorien nicht mehr kontrollierten, wurden Polen und viele andere Länder Teil der

Sowjetunion, was einige mit Angst erfüllte. Sie befürchteten, dass sie Zuhause nur unter dem nächsten autoritären Regime leben müssten, nicht in der Lage die Freiheit zu genießen, von der sie träumten. Daher erwägten viele die Migration nach Palästina, obwohl die britische Regierung diesbezüglich Einschränkungen festgelegt hatte.

Selbst nach der Befreiung starben dreizehntausend Menschen, weil ihnen die Kraft fehlte weiter um ihr Leben zu kämpfen. All die Hilfe, all die Mühe bei dem Versuch ehemalige Gefangene zu retten, war für tausende von ihnen vergebens. Nachdem Bergen-Belsen abgebrannt und für immer geschlossen worden war, wurde ein Schild am Eingang aufgestellt:

„10,000 UNBEGRABENE TOTE WURDEN HIER AUFGEFUNDEN. WEITERE 13,000 SIND SEITDEM VERSTORBEN. JEDER DAVON OPFER DER DEUTSCHEN NEUORDNUNG IN EUROPA UND EIN BEISPIEL FÜR NAZI KULTUR."

Mehr als sechs Millionen Juden starben in den vielen Konzentrationslagern, Vernichtungslagern und von den Nazis etablierten Ghettos. Das sind die offiziellen Zahlen, doch in Anbetracht dessen, was ich durchlebt und mit angesehen habe, habe ich das Gefühl, dass die Anzahl an Toten noch höher gewesen sein muss.

Nachdem ich aus dem Koma erwacht war, wurde ich in ein Krankenhaus in Celle transferiert, wo ich mich darauf vorbereitete mein Leiben wiederaufzubauen. Im Krankenhaus wurde ich von einem weiteren, hochrangigen Mitglied des britischen Militärs besucht, der das „englische Mädchen", das überlebt hatte, kennenlernen wollte. Sicherlich hatte Leonard Berney etwas damit zu tun.

Ich bereitete mich nun auf meine Heimkehr vor. Ich war frei und konnte von neuem beginnen. Mein Weg würde mich zurück in die Niederlande führen, mein Heimatland, doch ich konnte mir nicht vorstellen, wie meine Zukunft dort aussehen sollte. Mein Vater war tot und ich wusste nicht wo meine Mutter und mein Bruder waren —oder, ob sie je zurückkehren würden. Ich war gesundheitlich noch immer sehr angeschlagen. Meine Befreiung bedeutete zwar Bergen-Belsen entkommen zu sein, aber sie konnte nicht Frieden und Ruhe zurück in mein Leben bringen.

8 RÜCKKEHR IN DIE NIEDERLANDE

Das Dritte Reich war tatsächlich gefallen und die Welt passte sich an eine neue Ordnung an, obwohl der Krieg erst im September 1945, mit der Kapitulation Japans, sein offizielles Ende fand. Hitler wollte nicht noch eine große Niederlage Deutschlands hinnehmen, nachdem er das Ende des Ersten Weltkriegs als Soldat miterlebt hatte. Mit einer drastischen—oder vielleicht feigen—Entscheidung weigerte er sich von den Alliierten Truppen gefangengenommen zu werden. Ihm war bewusst, dass es zu spät war, um seinen Untergang abzuwenden. Er und seine Frau, Eva Braun, hatten sich in einem Bunker versteckt und entschieden sich am 30. April 1945 ihr Leben zu nehmen. Hitler schoss sich in den Kopf und sie trank Gift. Ihre Körper wurden nach draußen gebracht, mit Benzin begossen und verbrannt. Das war das Ende jenen Mannes, der das größte Massaker der Geschichte angeführt hatte, geleitet von seinem Hass gegen alle, die nicht zur „reinen arischen Rasse" gehörten.

Ich kehrte mit gemischten Gefühlen in die Niederlande zurück— Anspannung, Angst und tiefe Traurigkeit. Es war komisch wieder dort zu sein, nach all dem, was geschehen war. Als ob unglaublich viele Jahre vergangen wären, seitdem unser Leben auf den Kopf gestellt wurde. Ich hatte keine Ahnung, wie mein Leben zurück in meinem Heimatland aussehen oder was ich dort vorfinden würde. Sicherlich würde ich auf eine Menge Zerstörung treffen, denn ein Großteil Europas war von den Schlachten des Zweiten Weltkriegs verwüstet worden. Die Niederlande wurden Anfang Mai 1945 von der deutschen Besetzung befreit. Zum Ende des Jahres 1944 waren die Alliierten bereits zum Kampf für die Befreiung Europas dazugestoßen. Bevor die Niederlande befreit werden konnten, litt das Land unter einem harschen Winter, dessen fürchterliche Konsequenzen durch den Krieg verschlimmert wurden—tausende Menschen, die nicht deportiert worden waren, weil sie keine Juden waren, starben an Hunger, Kälte und Krankheiten. Diese Zeit bezeichnet man heute als *Hongerwinter*.

Ich stand einer wirklich schwierigen Situation gegenüber: Ich wusste nicht, was meiner Mutter und meinem Bruder geschehen war, wir hatten kein Zuhause mehr (es wurde nach unserer Deportation sofort konfisziert) und meine Gesundheit war noch immer schwer von meinem Überlebenskampf gezeichnet. Trotzdem musste ich weitermachen. Meine Zeit im Konzentrationslager war vorbei, aber das Trauma und die physischen Konsequenzen ließen nicht von mir ab. Meine Befreiung machte nicht plötzlich alles besser. Es gab noch so viele Hindernisse, die ich zu überwinden hatte.

Aufgrund meiner schlechten Verfassung wurde ich, zusammen mit einer kleinen Gruppe von Leidensgenossen, von der britischen Luftwaffe in die Niederlande geflogen. Es war offensichtlich gewesen, dass wir eine Reise mit dem Zug nicht überstanden hätten. Der Tag meiner Ankunft in den Niederlanden ist in meinem Reisepass vermerkt, den ich bis heute behalten habe: 24. Juli 1945. Ich wurde nach Eindhoven, im Süden der Niederlande, gebracht. Nach meiner Ankunft kam ich in einer katholischen Schule unter, die sich zur Aufnahme von Überlebenden bereit erklärt hatte. Doch mein Aufenthalt dort war nur von kurzer Dauer; einige mit der Schule verbundene Leute hatten Probleme damit, dass ehemalige Gefangene aufgenommen wurden und wollten für das neue Schuljahr zur Normalität zurückkehren. Damit wurde mir klar, dass viele Menschen kein großes Interesse daran hatten, uns zu helfen.

Nach diesem kurzen Aufenthalt in Eindhoven wurde ich nach Santpoort gebracht, was näher an Amsterdam liegt. Ich blieb in einem Genesungsheim, welches für die Aufnahme von Überlebenden aus Konzentrationslagern vorbereitet worden war. Dort verbrachte ich die nächsten drei Jahre meines Lebens, einmal mehr an einen fremden Ort mit fremden Menschen gebunden, aber ich konnte mich erholen und ein ansatzweise normales Leben führen.

Das Heim war in einer wahrlich idyllischen Region gelegen: Die Ruhe und Vegetation waren typisch für die ländliche Umgebung und ganz anders als der Trubel, der in Amsterdam herrschte. Ich erinnere mich daran, wie wir häufig von Ziegen besucht wurden, die kamen, um unser Essen zu stehlen. Noch heute kann ich sie um das Gebäude laufen hören, wenn ich daran zurückdenke. Es war nie mein Zuhause, aber es war schön nicht mehr in einem Konzentrationslager zu sein!

Nach meiner Ankunft blieb ich zunächst in einer provisorischen Krankenstation und wurde später in einen anderen Bereich transferiert. Mein Bett stand auf einem Balkon, zwischen zwei Dachfenstern. Es tropfte von der Decke, doch mein Bett wurde so platziert, dass es an einem trockenen Ort stand, damit ich nicht nass und noch kranker wurde als ich es sowieso schon war.

Obwohl ich nicht länger mit Typhus infiziert war, musste ich nun gegen andere Krankheiten ankämpfen: Tuberkulose und Pleuritis. Beide schränkten meine Lungenfunktion und meine Atmung ein. Aufgrund der Tuberkulose fühlte ich mich außerordentlich müde und schwach, weswegen ich einen Großteil meiner Zeit im Bett verbrachte. Tuberkulose benötigt einen langen Heilungsprozess. Deswegen musste ich für so lange Zeit in dem Genesungsheim verweilen.

Mein Aufenthalt dort war frustrierend, weil ich nicht wirklich mit meinem Leben fortfahren konnte oder in der Lage war herauszufinden, was mit meinen Angehörigen passiert war. Waren meine Mutter und mein Bruder noch am Leben? Würde ich jemals meine Familie zurückbekommen? Ich war entschlossen zu erfahren, was mit ihnen geschehen war, denn egal was für Neuigkeiten ich erhalten sollte, sie würden bestimmen, wie mein Leben weiterging.

Nachdem die Lager befreit worden waren, gab es eine Migrationswelle in Europa. Manche versuchten heimzukehren; andere suchten nach einem Ort, um neu anzufangen; die meisten wollten wieder mit ihren Familien vereint sein. Das Rote Kreuz nahm enorme Mühen auf sich, um Informationen über verstorbene Angehörige für Verwandte zugänglich zu machen und sogar potentielle Todestage zu ermitteln. Jedoch waren es Millionen von Menschen, die ihr Leben im Zweiten Weltkrieg verloren hatten—sechs Millionen davon Juden. Können sie sich vorstellen, wie schwierig es war danach zu kommunizieren? Europa versuchte sich in den Trümmern des Krieges wiederzufinden.

Während einige heimzukehren suchten, strebten andere nach Gerechtigkeit. Im September 1945 begann ein von den Briten geführtes Gericht in der deutschen Stadt Lüneburg, über die Verbrechen, die in Bergen-Belsen begangen worden waren, Urteil zu sprechen. Mehrere Individuen, welche aktiv an den Gräueltaten im Lager beteiligt waren, wurden zum Tode verurteilt, darunter Josef Kramer und Irma Grese. So schockierend es auch klingen mag, diese Verbrecher bestanden weiterhin darauf, dass sie nichts falsch gemacht hätten, da sie nur Befehle befolgt hatten. Wie kann man den Mord an Millionen von Menschen jemals damit rechtfertigten, dass es ein Befehl war?

Auf die Frage hin, ob sie zur Folter von Gefangenen gezwungen wurde, antwortete Irma Grese schlichtweg: „Nein!" Sie versicherte außerdem, dass sie keinerlei Reue für ihre Taten verspürte. Mit zweiundzwanzig Jahren wurde sie zum Tod durch Hängen verurteilt. Ihr letztes Wort am Tag ihrer Hinrichtung war: „Schnell!"

Es ist vielleicht schwer nachzuvollziehen, aber ich hatte es bereits im Gefühl, dass ich weder meine Mutter noch meinen Bruder jemals wiedersehen würde. Ich brauchte etwas konkretes, um dieses Gefühl zu bestätigen, doch tief in meinem Inneren wusste ich, was geschehen war. Ich erinnere mich an einen Traum, in dem ich im Grunde genau das erlebte, was ich brauchte, um mir sicher zu sein. Ich träumte, dass meine Familie wieder vereint war: mein Vater, meine Mutter, mein Bruder und ich. Aber an einem gewissen Zeitpunkt, ging ich in eine Richtung davon und meine Familie in die andere. Dieser Traum ließ mich wissen, dass ich alleine war auf der Welt.

Schon bald sollte ich die Bestätigung erhalten, welche jede Hoffnung, meine Familie wiederzusehen, zunichtemachte. Ja, alles wies darauf hin, dass ich meine Mutter nie wiedersehen würde. Trotzdem blieb ich lange Zeit stur und hoffte meine Mutter und mein Bruder würden eines Tages plötzlich bei dem Genesungsheim auftauchen, um mich abzuholen.

All diese Hoffnung wurde zerstört, als ich die traurige Nachricht von einem Familienfreund erhielt. Er hatte ein Geschäft in Schweden und suchte dort nach Neuigkeiten von seinen Angehörigen. Bei seinen Nachforschungen traf er auf zwei Frauen, die meine Mutter kannten und ihren Tod bestätigten. So erhielt man nach der Befreiung Informationen über seine Verwandten:

man suchte nach Menschen, die vielleicht von ihnen gehört hatten. Offizielle Organisationen kamen bei all den Toten nicht hinterher.

Im April 1945 arbeitete meine Mutter unter entsetzlichen Bedingungen in einer Fabrik zur Herstellung von Flugzeugteilen in Magdeburg. Mit dem nahenden Ende des Krieges wurden zweitausend Frauen, die in dieser Fabrik gearbeitet hatten, am 10. April 1945 in einen Zug ohne festes Ziel gesteckt. Schlussendlich kam der Zug in Schweden an, doch meine Mutter sollte es nie so weit schaffen. Ihr offizieller Todestag ist der 10. April 1945. Doch sie starb einige Tage nachdem der Zug losgefahren war, weil sie einfach keine Kraft mehr gehabt hatte. So erzählten es diese Frauen dem Freund meines Vaters. Ich weiß nicht, was mit dem Leichnam meiner Mutter passiert ist, und hatte nie die Möglichkeit mich von ihr zu verabschieden.

Was den Tod meines Bruders angeht, habe ich nie richtig erfahren, was wirklich passiert ist, weil es nie bestätigt wurde. Ich kann mir denken, dass er direkt bei seiner Ankunft in Oranienburg von SS-Soldaten hingerichtet wurde. Sein Körper wurde wahrscheinlich in ein Massengrab geworfen. Obwohl ich mir die Lagerdokumente angeschaut habe, fand ich nichts, um dies bestätigen zu können. Es gibt keine Aufzeichnungen von dem Tod meines Bruders; es ist als ob er nie existiert hätte. Mit Sicherheit konnte ich nur sagen, dass ich ihn nie wiedersehen würde. Meine Familie war komplett zerstört worden.

Als mir die Situation, in der ich mich befand, klar wurde, verlor ich fast meinen Verstand. Ich war schwach, krank und hatte keine Familie mehr. Wie sollte es mit mir weitergehen? Wie sollte ich alleine und ohne Geld in einer Welt überleben, die Holocaustüberlebenden gegenüber alles andere als freundlich war? Würde ich jemals die Kraft haben, all diese Bürden auf mich zu nehmen?

Ich war wirklich niedergeschlagen, aber irgendwann begann ich zu verstehen, dass mir das nicht weiterhelfen würde. Dazusitzen und mich über mein Leben zu beschweren würde meine Probleme nicht lösen. Und wer wollte schon mit einer verrückten Waise sprechen? Ich musste mich zusammenreißen, wenn ich mich an mein neues Leben anpassen wollte. So erholte ich mich langsam und entschloss mich nicht mehr Opfer meiner Umstände zu sein. Ich hatte überlebt, trotz allem, also durfte ich jetzt nicht aufgeben und musste weiterkämpfen, um wieder Kontrolle über mein Schicksal zu erlangen. Denn auch wenn mir meine Familie und ein Großteil meiner Jugend genommen wurde, war ich noch immer eine sechzehn Jahre alte, junge Frau.

Da ich so gut wie keine Familie in den Niederlanden hatte und minderjährig war, brauchte ich einen weiblichen und einen männlichen Vormund. Sie waren beide alte Freunde meiner Familie und von Anfang an eine große Hilfe und außerordentlich loyal. Ich erinnere mich an die vielen Male, die mich mein männlicher Vormund im Genesungsheim besuchte. Es war kalt und ich sagte häufig zu ihm: „Mein Herr, sie sollten rein gehen." Schließlich hatte ich mein Bett auf einem Balkon. Doch er sagte jedes Mal nein: „Wenn es gut genug für dich ist, dann ist es gut genug für mich." Er war immer eine große Unterstützung, wenn er mich besuchte. Er war wirklich eine große Hilfe!

Er half mir auch mit dem bisschen Geld, welches ich erhielt. Die niederländische Regierung unterstütze die Überlebenden des Holocaust nicht, obwohl sämtlicher Besitz der Juden konfisziert worden war—damit meine ich, dass er uns gestohlen wurde. Scheinbar war sich wohl keiner darüber bewusst und wir mussten selbst klarkommen. Ich bekam ein kleines Taschengeld von der Bank; ein Recht, dass mir wegen der Arbeit, die mein Vater für die Firma geleistet hatte, zustand. Es war wirklich wenig, eine symbolische Geste, doch es half dabei meine Kosten im Genesungsheim zu decken.

Es gab nicht viel zu tun im Heim. Man hätte ein wenig umherlaufen können, aber weil ich mich von der Tuberkulose erholte, verbrachte ich die meiste Zeit mit Bettruhe. Um mich davon abzulenken, wie langsam die Zeit voranschritt, schrieb ich Briefe. Außerdem gab es ein Radio, dass zu bestimmten Tageszeiten angemacht werden durfte—Fernseher waren damals noch eine Seltenheit. Wenn wir uns erholen sollten, wurde das Radio angemacht, doch zu jeder anderen Zeit konnten die anderen Überlebenden und ich nur von den Tönen träumen, die das Gerät verlauten ließ. Abgesehen davon konnte ich auch noch ein paar Bücher lesen, die mir gegeben wurden.

Nicht nur mein männlicher Vormund besuchte mich. Ich weiß noch, dass eine Gruppe Soldaten von der Jüdischen Brigade mit die ersten waren, die mich besuchten, als ich noch in Eindhoven war. Sie kamen kurz bevor Rosch ha-Schana, dem jüdischen Neujahr, was ein religiöser Feiertag ist, den wir Ende September feiern und an dem Juden über ihre Taten des Vorjahrs nachdenken sollen.

Im Oktober des Jahres 1945 durfte ich mich über eine wundervolle Überraschung freuen: Otto Frank schickte mir einen Brief ins Genesungsheim, in dem er schrieb er würde mich gerne besuchen. Hannah Goslar hatte ihm erzählt, wo ich war und dass ich Anne in Bergen-Belsen getroffen hatte. Otto kam mich wirklich besuchen. Ich erinnere mich, dass ich noch sehr schwach und er ungemein traurig war, weil er jemanden gefunden hatte, die den Tod seiner Töchter in Bergen-Belsen bestätigen konnte.

Während seines Besuchs erzählte mir Otto von seinem Plan Annes Tagebuch, welches Miep Gies ihm bei seiner Rückkehr nach Amsterdam gegeben hatte, zu veröffentlichen. Ich musste daran denken, wie Anne genau davon geträumt hatte, als wir in Bergen-Belsen waren, und jetzt nicht mehr am Leben war, um den Moment zu genießen. Otto fragte mich, was ich von seiner Idee hielt. Ich sagte zu ihm: „Nun, wenn du meinst du solltest es veröffentlichen, dann tu es auf jeden Fall." Die erste Ausgabe des Tagebuchs erschien im Jahr 1947. Otto war so lieb mir ein Exemplar zu schenken. Ich verlieh das Buch später an einen Onkel und habe es nie wieder gesehen, aber ich erinnere mich noch an diese erste, auf Zeitungspapier gedruckte Ausgabe.

Es war wirklich unvorstellbar traurig, dass Anne nicht miterleben konnte, wie ihr Traum in Erfüllung ging. Sie wurde eine berühmte Schriftstellerin, so, wie sie es immer gewollt hatte. Doch nur Otto konnte diesen Moment bezeugen. Der Holocaust hatte so viele Träume zerstört.

Ein weiterer, einprägsamer Besuch, den ich im Genesungsheim empfangen durfte, war meine Tante aus England. Sie hatte mir im Januar des Jahres 1946 geschrieben und mich wissen lassen, dass sie vorbeikommen würde. Ich konnte mich vor Anspannung und Freude einen Verwandten wiederzusehen kaum einkriegen! Meine Tante ging an Bord eines der ersten Schiffe, das nach dem Zweiten Weltkrieg Zivilpersonen transportierte. Ich weiß noch, dass sie eine Militäruniform trug, als sie mich besuchte, weil sie als Sekretärin eines jüdischen Militärvereins in England gearbeitet hatte.

Wieder mit meiner Tante vereint zu sein war aufregend und gleichzeitig extrem schwierig. Wir hatten uns nicht viel zu erzählen, da ein Großteil unserer Familie im Krieg gestorben war. Unsere Wiedervereinigung repräsentierte, was noch von uns übrig war.

Ein anderer Verwandter, mit dem ich korrespondierte, war ein Cousin, der in den USA lebte. Ich weiß noch, dass eines der ersten Pakete, die ich nach meiner Zeit im Konzentrationslager erhielt, von ihm kam. Es war ein „Erste Hilfe Kasten"—schließlich besaß ich nichts mehr. Das Paket enthielt einen Kamm, eine Zahnbürste und ein bisschen Zahnpasta... Diese einfachen Gegenstände waren ausgesprochen nützlich. Es war so schön, dieses Paket zu erhalten. Nicht nur weil es nützlich war, sondern weil es bedeutete, dass er sich um mich sorgte. Wann immer er konnte schickte er mir auch ein wenig Geld.

Es war zu dieser Zeit, dass ich auch einen Angehörigen kennenlernte, von dem ich noch nie gehört hatte. Eines Tages kam ein Mann im Schottenrock ins Genesungsheim, um mich zu besuchen. Er sagte wir seien verwandt und, dass er mich treffen wollte. Die weiblichen Krankenschwestern waren sehr verwundert über diesen Mann in traditioneller, schottischer Kleidung und folgten ihm durch das Gebäude. Er stellte sich mir vor und erklärte, dass unsere Mütter Cousinen waren. Er war ein Major der Schottischen Brigade, der durch unsere Familie in Belgien von meinem Unheil erfahren hatte. Danach hatte er entschieden, dass er mich treffen musste und seinen Vorgesetzten überzeugt ihm sein Auto zu leihen, damit er in die Niederlande fahren konnte. Es war ein wirklich unerwartetes und amüsantes Ereignis!

Der Besuch meines „neuen" Cousins brachte nicht nur mir Freude, sondern auch anderen Patienten im Heim. Er hatte Sachen mitgebracht, von denen er meinte ich könnte sie gebrauchen, also hatte ich ein ganzes Arsenal an Schokolade, mehrere Stück Seife und andere Geschenke unter meinem Bett. Ich verstaute alles ordentlich und teilte es dann mit den anderen im Heim. Eine Cousine meiner Mutter, die in Antwerpen lebte, besuchte mich auch regelmäßig, um mir Essen und Socken mitzubringen, die sie gestrickt hatte. Sie tat, was sie konnte, um mir zu helfen; sie brachte sogar ihre Töchter mit, um mich kennenzulernen, und ich bin bis heute mit ihnen befreundet. All diese Besuche waren voller schöner Erinnerungen.

Das waren kleine Momente des Glücks in diesen trostlosen Jahren. Viel mehr Besucher hatte ich nicht, da die meisten in meiner Familie Juden waren und über Europa verstreut ihr Leben im Zweiten Weltkrieg verloren hatten. Doch diese kurzen Augenblicke voller Güte, wie der Cousin im Schottenrock, der den ganzen Weg in die Niederlande gekommen war, nur um mich zu sehen, gaben mir ein wenig Licht in der Dunkelheit.

Das nächste Mal, dass ich meinen Cousin traf, war 1972 in Israel. Ich erinnere mich, wie sprachlos er war, als er mich sah; er konnte mich einfach nur umarmen. Er konnte nicht glauben, dass das zerbrechliche Mädchen, welches er in dem Genesungsheim besucht hatte, noch am Leben und wieder völlig gesund war. Er schaute mich an, als wäre ich ein Wunder—vielleicht war ich das ja.

Viele der Patienten im Heim waren Überlebende aus Konzentrationslagern. Sie waren in verschiedenen Lagern gewesen und hatten viele Geschichten zu erzählen. Wir sprachen über das, was wir unseren Zeiten des Schreckens erlebt hatten und diese Gespräche trugen zu meiner Genesung bei.

Im Heim freundete ich mich mit einer jüdischen Frau an, die Auschwitz überlebt hatte. Sie hatte dort Goldzähne aus den Mündern der Leichen ziehen müssen. Irgendwann brachten die Deutschen sie zu einer Gaskammer, weil sie keinen Nutzen mehr für ihre Sklavenarbeit hatten. Sie war bereits in der Gaskammer, dem Tode so unglaublich nahe, als die sowjetischen Truppen das Lager erreichten. In ihrer Verzweiflung ließen die SS-Wachen die Menschen, die gerade noch auf ihren unmittelbaren Tod gewartet hatten, aus der Gaskammer und steckten sie in einen Zug, der sie in ein anderes Lager bringen sollte. Nicht mehr als ein paar Sekunden entschieden über Leben und Tod.

In Polen war der Holocaust besonders blutig und bedrückend— nicht nur in Vernichtungslagern, sondern auch für die allgemeine Bevölkerung. Als ich auf die jüdische Schule in Amsterdam ging, hatte ich eine polnische Klassenkameradin namens Danka. Sie hatte mir erzählt, dass die Deutschen die Juden in Polen umbrachten, indem sie sie in großen, luftdichten LKW-Containern einsperrten und diese dann mit giftigem Gas füllten. Zu dem

Zeitpunkt konnte ich nicht glauben, was sie mir erzählte, doch nach allem, was ich durchgemacht habe, weiß ich, dass diese Konversation nur ein Vorgeschmack für das war, was noch kommen sollte.

Im Genesungsheim traf ich auch auf Patienten, welche in von den Japanern kontrollierten Konzentrationslagern in Indonesien gewesen waren. Tatsächlich gab es Konzentrationslager nicht nur in Nazi-Deutschland. Indonesien war eine niederländische Kolonie gewesen und nachdem die Niederlande von Deutschland besetzt worden waren, marschierten die Japaner in Indonesien ein und etablierten dort Konzentrationslager, in denen sie Europäer—hauptsächlich Niederländer—gefangen hielten. Die Geschichten, die ich von Überlebenden dieser Lager erzählt bekommen habe, zeigten, dass die Japaner genauso brutal gewesen waren wie die Nazis.

Juden haben einen stark ausgeprägten Gemeinschaftssinn, daher kamen häufig Juden aus benachbarten Städten vorbei, um mich zu besuchen. Ich weiß noch, dass es nicht-Juden neidisch machte. Einmal kam es dazu, dass ein jüdisches Mädchen Lungenprobleme hatte und Mitglieder der jüdischen Gemeinschaft anboten für ihre Operation in der Schweiz zu bezahlen. Leider war es nicht genug, um ihr Leben zu retten, doch Mitglieder der jüdischen Gemeinschaft blieben bis zur letzten Sekunde bei ihr und besuchten ihre Beerdigung.

Aalsmeer, die nächstgelegene Gemeinde, begann nach einer Weile das Genesungsheim ebenfalls zu unterstützen und organisierte ein Unterhaltungsprogramm für uns alle. Ich erinnere mich noch an die Konzerte, die sie für uns veranstalteten, und uns eine große Freude waren.

Ich brauchte drei Jahre bis ich genug genesen war, um das Heim zu verlassen. Nach etwa einem Jahr begann meine Verdauung wieder normal zu funktionieren—bis dahin war es mir nicht möglich gewesen zuzunehmen. Es war ein enormer Erfolg wieder fünfzig Kilo zu wiegen. Ich hatte einen weiteren Kampf ums Überleben gewonnen und schrieb meiner Tante in England, um ihr von meinem persönlichen Triumph zu erzählen.

Nach meinem langen Aufenthalt im Genesungsheim konnte ich es nicht erwarten endlich zu gehen und wieder ein normales Leben zu führen. Die Aufseher entließen mich nur ungerne, weil sie der Meinung waren, dass ich noch nicht in optimaler Verfassung für ein gewöhnliches Leben war. Jedoch hätte ich nicht einen weiteren Tag abgeschottet von der Außenwelt—wie zuerst in Konzentrationslagern und dann im Heim—ertragen können. Ich hatte genug davon.

Die Zeit, die ich benötigte, um mich zu erholen, zeigt wie brutal wir in Bergen-Belsen behandelt wurden. Es erforderte viel Mühe und Geduld das alles zu überstehen. Ich musste die psychologische Misshandlung, den Verlust, den ich erfahren hatte, die Jugend, die mir genommen worden war, und all die schrecklichen Geschehnisse, die ich im Lager mit angesehen hatte, überwinden. Dazu kamen die Echos meines physischen Traumas, als ob mich der Horror niemals in Ruhe lassen würde.

Damals korrespondierte ich mit einer Krankenschwester, die vor dem Krieg bei meiner Familie zuhause gelebt hatte, um sich um meinen früh verstorbenen Bruder zu kümmern. Da sich die Aufseher im Heim weigerten mich gehen zu lassen, weil sie der Meinung waren ich sei noch nicht vollständig genesen, kam sie vorbei und sagte: „Ich bin eine registrierte Krankenschwester und wenn ich mich nicht um Nanette kümmern kann, wer dann?" Dank ihr entließen sie mich, obwohl sie weiterhin insistierten, dass ich mich morgens und nachmittags ausruhen sollte, um meine Genesung nicht zu behindern.

Um sicher zu stellen, dass es mir wirklich gut genug ging, brachte mich die Krankenschwester zu zwei Ärzten. Beide sagten genau, was ich hören wollte: „Nanette sollte ein normales Leben führen, Fahrrad fahren, die frische Luft der Felder einatmen und versuchen wieder glücklich zu sein." Ich konnte kaum glauben, dass ich endlich ein freies Leben führen würde. Es war wundervoll!

Im Mai 1948 zog ich bei der Krankenschwester und ihrer Familie ein. Sie hatte einen Ehemann und einen jungen Sohn und sie lebten zusammen in einem wunderschönen Gebäude auf dem Land, wo ich Spaziergänge machen und im Wald Fahrrad fahren konnte. Ihr Haus glich eher einem riesigen Schloss. Nach all der Zeit ohne Privatsphäre hatte ich dort ein Zimmer für mich allein.

Der Ehemann der Krankenschwester war nicht allzu glücklich über meine Anwesenheit und sprach so gut wie nie mit mir. Er war ein tiefgläubiger Lutheraner, der jeden Tag nach dem Mittagessen das Neue Testament las. Sie gingen jeden Sonntag in die Kirche und wollten, dass ich auch mitkam und Klavier spielte, doch ich lehnte das Angebot jedes Mal höflich ab. Trotzdem war die Krankenschwester außerordentlich nett zu mir und nahm mich immerzu auf Spaziergänge mit. Ich bin sehr dankbar dafür, wie sie mich willkommen hieß. Ihre Unterstützung zu dieser Zeit war maßgeblich, damit ich weiterhin nach einem besseren Leben für mich selbst streben konnte.

Obwohl es mir dort gut ging, konnte ich nicht für immer da bleiben. Ich stand im steten Kontakt mit meinen Verwandten in England und sie wünschten sich, dass ich kommen und bei ihnen leben würde. Meine Tante besuchte mich und sprach mit meinen Vormündern darüber. Sie waren der Meinung es sei eine gute Idee. Immerhin waren das die einzig nahen Verwandten, die ich noch hatte.

Im Dezember 1948 ging ich nach England und verbrachte sechs Wochen mit meinen Tanten und meinem Onkel, um mich dort einzugewöhnen. Danach lebte ich noch einmal ein paar Monate bei der Krankenschwester. Es waren meine letzten Monate in den Niederlanden. Im April 1949 zog ich endgültig nach England, um ein neues Leben zu beginnen. Ich hatte kaum Gepäck. Nach dem Alptraum, den ich in Bergen-Belsen überstanden hatte, musste ich komplett von vorn anfangen und mein Leben wiederaufbauen.

Die Niederlande sind mein Heimatland, der Ort, an dem ich mit meiner Familie glücklich war und wo ich eine gute Kindheit voller schöner Erinnerungen hatte. Doch es war auch dort, dass der dunkelste Abschnitt meines Lebens begann. Es war das Land, in dem ich alles verlor, der Ort, an den ich ohne meine Familie und ohne alles, was ich je geliebt hatte, zurückkehren musste.

Danach musste ich irgendwie den Rest meines Lebens woanders verbringen. Ich konnte mir nicht genau vorstellen, wie ich das tun sollte, doch ich war entschlossen mich dort zu etablieren. Schließlich war ich nicht so weit gekommen, um jetzt aufzugeben. Die Umstände, in denen ich mich befunden hatte, waren ein schrecklicher Alptraum gewesen, doch ich würde das alles überwinden. Ich würde weiterkämpfen.

9 EIN NEUES LEBEN IN ENGLAND

Ich kam in England an und musste mir ein neues Leben aufbauen. Obwohl ich erst zwanzig war, waren mir sechs Jahre genommen worden—eine Jugend, die ich nicht unter normalen Umständen genießen durfte. Von dem Moment an, an dem die Niederlande besetzt worden war, kannte ich für neun Jahre nichts anderes als Angst. Als ich zwanzig war, war fast die Hälfte meines Lebens von der Nazi-Ideologie und ihren Konsequenzen bestimmt worden.

Nun, da ich nicht länger in meinem Heimatland war und meine Jahre als Jugendliche übersprungen hatte, musste ich mit der Planung meines Erwachsenenlebens beginnen. Meine größte Sorge war meine finanzielle Situation, da ich, außer der kleinen Unterstützung der Bank von Amsterdam, keinerlei Geld hatte. Ich war diesbezüglich auf mich allein gestellt und musste mich um meinen eigenen Lebensunterhalt bemühen.

Ich zog bei meinen Tanten in Kingsbury, einen Stadtteil Londons, ein. Sie hatten ein einfaches, sehr kleines Haus, in dem ich mit einer Tante und einem Onkel, die verheiratet waren, sowie einer weiteren, ledigen Tante lebte. Es war wirklich nicht leicht; ich war umgeben von Familie und konnte nicht anders als an meine Eltern und meinen Bruder zu denken. Den Schmerz zu verarbeiten, den ihr Verlust in mir auslöste, war so gut wie unmöglich. Das Leid hatte sich tief in meinem Herzen eingenistet und gab keine Anzeichen dafür mich je zu verlassen. Alles vergessen, ein normales Leben führen, war unvorstellbar. Ich musste immerzu an die Ereignisse denken, die mich zerstört hatten.

Als ich in London ankam, teilte ich ein Zimmer mit meiner ledigen Tante. Doch dieses Arrangement mussten wir schon bald überdenken, da sie eine ältere Frau war, die sich an ihre eigene Art zu leben gewöhnt hatte, und ich eine junge Frau, die Bücher lesen und sich so beschäftigt wie möglich halten wollte; schließlich suchten mich die Schrecken meiner Vergangenheit in meinen Träumen heim, wann immer ich versuchte zu schlafen. Also begann ich alleine in einem kleineren Zimmer zu schlafen, in dem ich das Licht anlassen konnte, um bis spät in die Nacht lesen und schreiben zu können.

Ich war nicht die einzige, die unter dem Verlust von Familienmitgliedern litt. Meine Tanten und mein Onkel versuchten ebenfalls sich von dem verheerenden Trauma zu erholen, das wir alle durchgemacht hatten. Über das zu sprechen, was ich während des Krieges im Konzentrationslager erlebt hatte, war bei ihnen zuhause strengstens verboten. Ich glaube sie hofften vielleicht, dass Bergen-Belsen und all die Tode aufhören würden real zu sein, wenn wir schlichtweg so taten, als wäre es nie passiert. Meine Tanten und mein Onkel dachten sie würden mich mit diesem Verhalten beschützen, doch es hatte den gegenteiligen Effekt. Nicht in der Lage zu sein meine Gedanken mit anderen zu teilen und ihnen zu erzählen, was ich erlebt hatte, bedrückte mich sehr.

Auch wenn du es schaffst ein Konzentrationslager lebendig zu verlassen, das Konzentrationslager verlässt niemals dich. Du kannst keinen Frieden finden. All die Erniedrigungen, unter der ich und andere Überlebende für Jahre gelitten hatten, waren zu unerträglich gewesen, um dem Ganzen einfach den Rücken zu kehren. Einige Überlebende führten ihr Leben fort und gründeten Familien, trotz ihres Traumas. Andere waren jedoch nicht in der Lage mit all dem fertig zu werden und begangen Selbstmord. Ich hatte mich für das Leben entschieden; ich würde weitermachen, egal wie schwer die Last auf meinen Schultern war.

Obwohl ich unter dem Schweigen litt, welches mir von meinen Verwandten aufgezwungen wurde, verurteilte ich sie nicht dafür. Denn ich verstand wie schwer es für sie war, mit der Tragödie umzugehen, den Großteil ihrer Familie im Zweiten Weltkrieg verloren zu haben. Sie lebten in einem Land, dass nie von den Nazis besetzt worden war und trotzdem waren sie Opfer der Geschehnisse geworden, wenn auch indirekt. Meine Cousine, welche taub war, hatte mehr Verständnis für mich als meine anderen Verwandten und unterstützte mich sehr.

Meine Familie in London war ein traditioneller jüdischer Haushalt—jedermann folgte den Grundsätzen des Judentums. In unserer Religion ist es üblich eine Kerze für jene anzuzünden, die von uns gegangen sind. Dementsprechend zündete meine Tante an den Todestagen meiner Eltern, meiner Großmutter und anderer Familienmitglieder eine Kerze an. Ich sah zu, wie sie das tat, und dachte, dass es wohl kaum dabei helfen würde unseren Schmerz zu lindern. Ich sagte zu ihr: „Ich denke du solltest damit aufhören, sonst zündest du am Ende an jedem Tag des Jahres eine Kerze an, weil wir so viele Menschen verloren haben." Über den Krieg durfte ich nicht reden, aber egal wo ich in diesem Haus hinschaute, stand dort eine leuchtende Kerze zu Ehren eines toten Angehörigen, die mich an all das erinnerte was unausgesprochen blieb.

Bevor ich nach England gezogen war, hatte ich eine Vereinbarung mit meinen Vormündern gemacht: Ich würde zwei Mal im Jahr in die Niederlande kommen und sie besuchen, denn schließlich waren sie für mich verantwortlich. Während meiner Besuche konnte ich mehr darüber reden, was ich erlebt hatte, da ich in der Präsenz von Überlebenden aus Konzentrationslagern war. Wie befreiend es doch war, das alles rauszulassen! Ich erinnere mich daran, ein Zimmer mit meiner tauben Cousine zu teilen und dass sie mich fragte: „Würdest du gerne wissen, was du nachts sagst?" Ich hatte viele Alpträume von Bergen-Belsen. Diesen Ort konnte ich einfach nicht von mir abschütteln. Obwohl meine Cousine nicht hören konnte, was ich in der Nacht sagte, hatte sie ein Empfinden dafür, dass ich unter aufwühlenden Träumen litt. Alpträume waren für alle ehemaligen Gefangenen ein Teil ihres alltäglichen Lebens geworden. Unsere Erinnerungen an den Krieg waren ausgesprochen traumatisch. Die Nazis hatten uns unsere schönen Träume gestohlen.

Eines der Male, an denen ich zurück in die Niederlande ging, erzählte mir mein Vormund, dass der Präsident der Bank von Amsterdam—wo mein Vater gearbeitet hatte—sich weigerte mein Geld nach England zu schicken. Ich war die einzige, die sich darum kümmern konnte, und die Situation war wirklich empörend.

Das schlimmste daran war, dass ich das Geld dringend brauchte, egal wie wenig es war. Also musste ich einen Weg finden, das Problem zu lösen. Ich musste zur Zentralbank gehen und mit dem Präsidenten sprechen, damit er den Geldtransfer nach England freigab. Und wer war der Präsident der Bank? Leider kein mir unbekannter… Er war mit der Anwältin verheiratet, die meine Familie betrogen hatte, nachdem sie uns versprochen hatte eine Kopie der südafrikanischen Geburtsurkunde meiner Mutter besorgen zu können und uns diese, obwohl sie unser Geld erhalten hatte, nie ausgehändigt hatte. Oh, er spielte seine Rolle gut, als wäre er so froh gewesen mich zu sehen. „Hallo, Liebes!", sagte er und gab mir einen Kuss. „Wie schön es ist dich zu sehen!" Nun, ich war überhaupt nicht froh ihn zu sehen und absolut nicht gewillt an dem Schauspiel teilzunehmen, also sagte ich: „Wenn du mir nicht gibst, was mir zusteht, erzähle ich jedem, was ich weiß!" Er gab mir keinen Abschiedskuss, aber ich erhielt, wofür ich gekommen war.

Ich weiß wirklich nicht, woher ich den Mut nahm, mich im Büro des Präsidenten der Zentralbank so zu verhalten, aber ich hatte wohl einfach nichts zu verlieren. Als ich von diesem Bankbesuch zurückkam, schaute mich mein Vormund an und sagte: „Ich weiß nicht, wie du das angestellt hast, aber jetzt weiß ich wozu du fähig bist." Ich lächelte nur und versicherte ihn, er müsse sich nicht länger um mein Geld sorgen.

Ich zog im April 1949 nach London und meine Tante war der Meinung, dass ich studieren sollte, also schrieb sie mich in das Queens' College an der Harley Street ein. Es war eine Schule für reiche junge Frauen mit Hochschulreife—das komplette Gegenteil von mir. Ich überzeugte meine Tante, dass ich lieber einen Beruf lernen sollte, um Geld zu verdienen, und machte eine Ausbildung zur Sekretärin.

Sobald ich meinen Abschluss hatte, suchte ich nach Stellen. Schließlich konnte ich mich mit dem bisschen finanzieller Hilfe, das ich von der Bank erhielt, kaum über Wasser halten. Ich war entschlossen ohne jede Hilfe einen Job zu finden, also bewarb ich mich bei einer Bank, mit der Hoffnung, dass mein Abschluss ausreichen würde, um die Stelle zu bekommen. Die Bank lud mich zu einem Bewerbungsgespräch ein und der Herr, der mit mir sprach, erklärte: „Wir stellen nur Leute ein, die ein Empfehlungsschreiben vorweisen können. Wer empfiehlt Sie für diese Stelle?" Woher sollte ich ein Empfehlungsschreiben haben? Wie gesagt, ich wollte es ohne Hilfe schaffen. Ich sagte schlicht: „Ich bin Niederländerin." Der Herr starrte mich an und als ich dachte er würde mich gleich höflich ablehnen, sagte er: „Als sie durch die Tür kamen, schlossen der Direktor und ich eine Wette ab: Er schwor er könnte erkennen, dass Sie die Tochter von Martijn Willem Blitz von der Bank von Amsterdam sind. Er würde gerne wissen, ob er die Wette gewonnen hat... Sind Sie die Tochter von Martijn Willem Blitz?"

Da versuchte ich also durch meine eigenen Fertigkeiten meinen ersten Job zu bekommen, sehr wohl wissend wie schwer das sein würde, und dann das. Obwohl mir bewusst war, dass mein Vater im Bankwesen wohlbekannt und respektiert war, verstand ich in diesem Moment zum ersten Mal das wahre Ausmaß seines Einflusses. Ich nickte nur, worauf der Herr sagte: „Die Stelle gehörte bereits Ihnen, als Sie durch die Tür traten." Mein Vater war Empfehlung genug.

Nach allem, was ich in meinem Leben durchgemacht hatte, war ich entschlossen niemanden um Hilfe zu bitten. Ich wusste, dass ich mich nur auf meine Verwandten und ein paar enge Freunde verlassen konnte. In dieser Situation erhielt ich die Hilfe meines geliebten Vaters, obwohl er nicht länger unter uns weilte. Martijn Willem Blitz mag das Opfer eines grausamen Schicksals gewesen sein, doch sein Vermächtnis lebte weiter.

Es war eine große Erleichterung die Stelle als zweisprachige Sekretärin in der Bank zu bekommen. Nun konnte ich für meinen Lebensunterhalt sorgen. Daraufhin sagte mir mein Vormund, dass ich auf das Geld von der Bank von Amsterdam verzichten sollte und ihnen, trotz allem, für ihre „Hilfe" danken sollte. Ich war empört, doch meinen Vormündern zuliebe tat ich es.

Ich arbeitete nun also und mit dem bisschen Geld, dass ich verdiente, konnte ich mir ein wenig „Luxus" leisten und komfortabler leben. Das erste, was ich mit meinem Gehalt kaufte, war eine mobile Heizung, damals ein äußerst wichtiges Gerät für den Londoner Winter. Ich hing sie über meinem Bett auf, da ansonsten nicht viel Platz in meinem Schlafzimmer war. Außerdem kaufte ich einen kleinen Kleiderschrank, in dem ich die paar Kleidungsstücke, die ich besaß, aufbewahren konnte. Dies waren meine kleinen Erfolgserlebnisse, Dinge auf die ich stolz war.

Ich lebte mein Leben und es schien als würden sich die Dinge bessern. Doch ich fühlte mich noch immer fremd in London. Junge Menschen in England wussten nur sehr wenig darüber, was den Juden während des Zweiten Weltkriegs widerfahren war. Da sich Informationen damals nicht so schnell verbreiteten wie heutzutage, blieben die Einzelheiten des Holocaust für die meisten unbekannt, als hätte er nie stattgefunden. Daher fühlte ich mich, als würde ich nicht dazugehören. Ich hatte nichts mit diesen jungen Menschen gemeinsam, welche nichts von dem wussten, dass ich durchlebt hatte. Sie waren sich dieser Ereignisse nicht einmal bewusst.

Abgesehen von einer Gruppe junger Juden, mit denen ich ab und zu ausging, hatte ich damals nicht viele Freunde. Wenn ich nicht bei der Arbeit war, verbrachte ich die meiste Zeit mit meiner Familie, was für eine zwanzigjährige ein wenig merkwürdig war. Daher ermutigten mich meine Tanten und mein Onkel dazu mehr auszugehen und ein normales Leben zu führen, womit sie auch meinten, dass ich so auf einen netten jungen Mann treffen könnte, mit dem ich vielleicht irgendwann eine Familie gründen würde.

Es war nicht leicht ein normales Leben zu führen, nach allem, was ich durchgemacht hatte. Wie sollte ich das alles hinter mir lassen und so tun, als wäre ich wie jedes andere Mädchen in England, als wäre da nichts, dass an mir nagte? Doch ich wollte es zumindest versuchen, um meine Verwandten glücklich und keinen Ärger zu machen.

Zu eben dieser Zeit lud mich der Bruder von jemanden, den ich im Santpoort Genesungsheim kennengelernt hatte, zu einem Treffen ein, in dem es um den Zionismus ging und welches an junge Menschen gerichtet war. Ich entschied mich meinen Tanten zuliebe hinzugehen. Obwohl ich mich nicht wirklich darauf freute, wollte ich sie nicht enttäuschen.

Auf dem Weg zu dem Treffen verlief ich mich. Nach einer Weile sah ich einen Polizisten, der mich an den richtigen Ort brachte.

„Junge Frau", sagte er. „Sie sollten sich den Nachhauseweg erklären lassen, damit sie sich nicht wieder verlaufen und alleine in den Straßen umherirren." Nach dem Treffen hörte ich ein paar Leute sagen, dass sie noch zu Golders Green gehen wollten. Ich wusste, dass es dort eine Bahn und Busstation gab, von der ich den Weg nachhause kannte. „Kann ich mitkommen?", fragte ich die Gruppe, doch dann machte mir ein netter junger Mann das Angebot mich stattdessen zu begleiten.

Ich nahm gerne an, um mich nicht wieder zu verlaufen. Wir erreichten die Station und er fragte mich: „Hast du einen Freund." Als ich erklärte, dass ich keinen hatte, antwortete er überraschend und unhöflich: „Nun, du bist nicht wirklich mein Typ." Er war wahrlich ein sehr forscher junger Mann, doch sollte das nicht unser letztes Aufeinandertreffen sein. Zurück daheim wollte meine Tante direkt jedes kleine Detail von mir hören. Sie stellte mir Fragen über das Treffen und ich erzählte ihr, dass ich einen jungen Mann kennengelernt hatte, was sie nur noch neugieriger machte.

Eine Woche später, als ich mit einem Onkel, welcher aus den Niederlanden gekommen war, um einen kranken Angehörigen zu besuchen, die Fitzjohns Avenue Richtung der Hampstead Bahnstation entlang ging, traf ich auf den Herren, den ich nach dem Zionismus-Treffen kennengelernt hatte. Er lief mir nach und fragte mich, ob ich dieselbe junge Frau aus dem Treffen war, was ich bestätigte. Wir beließen es dabei, doch mein Onkel erzählte meinen Tanten ich hätte eine Affäre, von der niemand etwas wusste—nicht einmal ich.

Der junge Mann fand bald heraus, wo ich lebte und was unsere Telefonnummer war. Er rief mich an und fragte, ob ich mit ihm ausgehen wolle; er würde mich am Freitagabend treffen. Es scheint ich war am Ende wohl doch sein Typ... Ich erklärte ihm ich könne nicht, da man in meiner Familie an Freitagabenden nicht ausging, weil wir ein traditioneller jüdischer Haushalt waren und freitags Sabbat beginnt—der wöchentliche Ruhetag der Juden. Er gab nicht auf und rief mich in der Bank an, um mich nochmal um ein Date zu bitten. Ich konnte nicht anders als nachgeben und fragte: „Du hast mein Leben wohl gründlich recherchiert, stimmt's?" Ich rief dann bald danach meine Tante an, um sie wissen zu lassen, was passiert war und sie sagte mir ich solle mit ihm ausgehen. Wenn ich ihn nicht mochte, musste ich ihn nicht wiedersehen.

Damals liefen Beziehungen ganz anders ab als sie das heute tun. Du konntest nicht mit jemanden ausgehen, ohne dass deine Familie etwas davon wusste—besonders nicht in einer jüdischen Familie. Als meine Tante mir erlaubte mit ihm auszugehen, besaß sie bereits ausreichend Informationen über ihn, um sichergestellt zu haben, dass er ihrer Nichte würdig war.

Der Herr, der sich um mich bemühte, war ebenfalls Jude und sein Name war John Konig. John kam aus einer ungarischen Familie und war im Jahr 1935 mit seinen Eltern nach England gezogen. Als der Krieg im Jahr 1939 ausgebrochen war, war Johns Familie angeboten worden nach Ungarn zurückzukehren, doch sein Vater hatte entschieden in England zu bleiben. Man hatte sie dort zwar nicht gewollt, aber so war es ihnen gelungen, dem Holocaust in Ungarn zu entkommen. Die Entscheidung rettete sie vor dem Konzentrationslager und der Gaskammer.

John war noch ein kleiner Junge gewesen, als seine Familie nach England gezogen war und hatte seine Schullaufbahn in London beendet. Er hatte mit sechzehn begonnen auf die Universität zu gehen und ein Diplom als mechanischer Ingenieur erlangt. Genau wie ich, wusste John, wie es sich anfühlte, Familie zu verlieren. Zu der Zeit, in der wir uns kennenlernten, waren seine Eltern bereits verstorben—mit zwanzig hatte er seinen Vater an Lungenkrebs verloren und seine Mutter war kurz darauf an Brustkrebs gestorben.

Ein Teil von Johns Familie war 1930 nach Brasilien gezogen und da er in England alleine war, drängten ihn seine Angehörigen, dass er auch dort hinkommen sollte. Wir begannen nur sechs Wochen bevor John nach Brasilien ziehen wollte miteinander auszugehen— das war im September 1951. Er hatte bereits ein Hinflug-Ticket, als wir uns kennenlernten, und war bereit in Brasilien ein neues Leben anzufangen.

Weil er Jude war, hatte es John nicht einfach gehabt, an ein brasilianisches Visum zu bekommen. Die brasilianische Regierung unter Getúlio Vargas war antisemitisch. Ein Cousin von John war zu der Zeit Direktor des Biologischen Instituts im Bundesstaat Minas Gerais gewesen, wo Juscelino Kubitschek Gouverneur war. Johns Cousin hatte die Situation dem Gouverneur erklärt, welcher ihm seine Karte mit seiner Empfehlung gegeben hatte, damit das Visum ausgestellt werden würde. Danach war Johns Cousin nach Rio de Janeiro gegangen und hatte um die Hilfe des Onkels seiner Frau gebeten, welcher Senator gewesen war und den Vorgang beim Auswärtigen Amt unterstützen konnte.

Nachdem sie Kubitscheks Empfehlung im Amt vorgezeigt hatten, hatte einer der Angestellten endlich erklärt, was vor sich ging: „Sehen Sie, der Visumsprozess ihres Cousins geht nicht voran, weil er Jude ist." Johns Cousin konnte seinen Ohren nicht glauben. „Nun, ich bin auch Jude", erwiderte er, „und ich bin Direktor des Biologischen Instituts von Minas Gerais, also verstehe ich nicht, was hier vor sich geht!" Der Angestellte hatte nicht gewusst, was er tun sollte und sagte, dass das alles ein Fehler gewesen sein musste. Ohne weitere Ausreden hatte er John dann endlich das Visum ausgestellt.

John war sich der Mühen nicht bewusst gewesen, die seine Verwandten auf sich genommen hatten, um seinen Umzug nach Brasilien zu ermöglichen. Hätte er davon gewusst gehabt, wäre er nie nach Brasilien gegangen, sagte er später. Viele Juden machten ähnliche Erfahrungen bei dem Versuch dort hinzuziehen. Präsident Getúlio Vargas war Antisemit, inspiriert von Benito Mussolini, dem italienischen Diktator, Verbündeten der Nazis im

Zweiten Weltkrieg und Sympathisant von Hitler selbst. Damals mussten Juden, die nach Brasilien wollten, entweder bezahlen oder sich taufen lassen und zum katholischen Glauben konvertieren.

Da ich nur Johns Freundin war, konnte ich nicht einfach mit ihm den Atlantik überqueren und nach Brasilien ziehen, also entwickelte sich unsere Romanze per Post. Wir schrieben einander viele, viele Briefe in der Zeit, in der wir getrennt waren, welche John und ich hingebungsvoll aufbewahrt haben. Unsere Beziehung wurde immer stärker und in einem Brief vom April 1953 erklärte mir John, dass er mich heiraten wollte. Ich mochte ihn sehr, aber die Vorstellung zu heiraten und eine Familie zu gründen schüchterte mich ein wenig ein. Wer konnte mir garantieren, dass dasselbe, was mir geschehen war, nicht eines Tages auch meinen Kindern passieren konnte? Ich könnte es nicht ertragen.

Doch nach einer Weile überwand ich meine Angst und realisierte, dass es genau das war, was ich wollte: Ich wollte John Konig heiraten. Um dies zu ermöglichen würde ich auch ein brasilianisches Visum brauchen, da John in dem Land arbeitete und wir dort unser neues Leben als Familie beginnen würden. Ich musste zurück in die Niederlande, um meine offizielle Abreise vorzubereiten. In Amsterdam erklärte mir mein Vormund, dass ich einen guten Stand im Einkommenssteuerbüro brauchte. Er hatte ein Dossier für mein Anliegen vorbereitet, was keine leichte Aufgabe war. Damit ging ich zum brasilianischen Konsulat, um ein Visum zu beantragen und hoffte es würde mir zeitnah gewährt werden.

Mein erster Versuch war nicht erfolgreich. Später kaufte ich eine Schachtel Pralinen für eine Sekretärin, die mich dann dem Konsul vorstellte. Er sagte er könne mir helfen, dass es aber bis zu sechs Monate dauern konnte, bis ich mein Visum erhalten würde. Er würde meinen Fall beim Gericht in Den Haag vortragen, da ihm jemand dort einen Gefallen schuldete—das würde den Prozess beschleunigen. Der Konsul fragte mich anschließend tatsächlich mit ihm auszugehen, aber diese Annäherungsversuche unterband ich sofort, ohne dabei mein Ziel aus den Augen zu verlieren. Ich bekam das Visum sechs Wochen später. Nun stand es mir frei zu meinem zukünftigen Ehemann auf einen anderen Kontinent zu ziehen. Trotzdem wurde ich angewiesen Religion in meinen Unterlagen nicht zu erwähnen, um mögliche Probleme zu vermeiden.

Sobald ich mein Visum erhielt, waren alle Vorbereitungen getan: I war bereit zu heiraten und ein neues Leben in einem komplett fremden Land anzufangen, wo ich niemanden kannte, außer meinen zukünftigen Ehemann und seine Verwandten. Nachdem ich nach London zurückgekehrt war, begann ich nach einem schlichten Hochzeitskleid zu suchen. John hatte den Schleier seiner Mutter behalten, was eine Familientradition werden sollte. Seitdem wurde derselbe Schleier von jeder Braut in unserer Familie getragen.

John und ich feierten unsere amtliche Trauung im Juli des Jahres 1953 und unsere Hochzeitszeremonie in der Synagoge wurde kurz darauf im August durchgeführt. Ich bestand darauf für alle Kosten selbst aufzukommen, eine Entscheidung, die ich bis heute bereue, da mein Onkel die Zeremonie als Geschenk für mich bezahlen wollte. Ich war zu stolz und konnte das nicht akzeptieren, weil ich wirklich niemandes Hilfe annehmen wollte.

Nachdem ich meinen Schleier aufhatte und bereit war die Synagoge zu betreten, sah mich meine Tante an, nahm ihre eigenen Perlenohrringe ab und gab sie mir. „Nimm du sie", sagte sie. „Sonst weiß ja keiner, dass da eine Braut hinter dem Schleier steckt." Als ich in der Synagoge niemanden aus meiner unmittelbaren Familie sah, war es als ob all das, was geschehen war, an mir vorbeizog— alles, was ich verloren hatte, all die, die ich liebte und nicht hier waren, um diesen Moment mit mir zu zelebrieren. Ich stand schockiert da und dieser eine, wiederkehrende Gedanke schwirrte in meinem Kopf herum: *Was tust du da? Wieso möchtest du eine*

Familie haben? Nur damit du sie alle wieder verlieren kannst? Doch als ich John da an der Bima—dem Altar in der Synagoge—auf mich warten sah, wusste ich, dass ich in guten Händen war und ihm vertrauen konnte.

Es war wirklich traurig meine Hochzeit ohne meine Eltern und meinen Bruder zu feiern. In diesem wichtigen Moment vermisste ich sie umso mehr. Trotzdem brannte ich darauf einen neuen Lebensabschnitt an einem völlig neuen Ort zu beginnen, wo Erinnerungen an Bergen-Belsen und den Zweiten Weltkrieg weit weg waren.

Nach unserer Hochzeit in England reisten wir in die Niederlande und schmissen eine Party für die paar Verwandten und Freunde, die ich da noch hatte. Außerdem war es ein schöner Anlass, um meine Vormünder noch einmal zu sehen. Dazu kam, dass ich noch Dokumente für meine Migration bei der Zentralbank abholen musste, welche ich nur einen Tag vor der Abreise und wenige Minuten bevor die Bank an dem Tag geschlossen wurde erhielt. Ich hatte diese Bank und die Niederlande so satt, dass ich mir, sobald ich die Dokumente in der Hand hatte, schwor nie wieder Fuß in das Land zu setzen.

Nachdem wir unsere Hochzeit in den Niederlanden gefeiert und meinen Papierkram erledigt hatten, zogen John und ich nach Brasilien. Ich war auf dem Weg an einen Ort, an dem ich niemanden kannte, doch es war auch ein Ort weit weg von Westerbork, von Bergen-Belsen, von den bitteren Erinnerungen aus der Zeit der Nazi-Herrschaft.

Ich hielt mich jedoch nicht an mein Wort. Ich kehrte in die Niederlande zurück. Acht Jahre nach meiner Abreise sollte ich mein Heimatland wiedersehen. Mein Vormund war außerordentlich enttäuscht von meiner langen Abwesenheit. „Ich habe dir nie was getan", sagte er zu mir. Ich realisierte in dem Moment, dass er recht hatte; dass ich ihn nicht mit dem Respekt behandelt hatte, den er verdiente. Obwohl wir einander regelmäßig geschrieben hatten, hatte ich zu lange damit gewartet, ihn zu besuchen.

An einem neuen Ort zu sein, bedeutete komplett von vorne anzufangen. Die Wunden, welche mir die Schrecken meiner Vergangenheit zugefügt hatten, sollten trotzdem niemals heilen. Ich würde nie in der Lage sein zu vergessen, was ich durchgemacht hatte. Dieser tiefliegende Schmerz war etwas, das ich niemals ignorieren könnte. Das Fehlen meiner Familie würde für immer auf mir lasten und die Familie, die ich selbst gründen sollte, würde die Trümmer des Holocaust niemals beseitigen. Der Holocaust war Teil meiner Geschichte und ich konnte ihn nicht hinter mir lassen.

10 VON VORNE ANFANGEN

Das Leben im Nachkriegseuropa war nicht leicht. Der gesamte Kontinent war von Schlachten verwüstet worden und versuchte wieder auf die Beine zu kommen. Nicht nur Gebäude und Brücken, sondern ganze Leben mussten wieder aufgebaut werden, nachdem Millionen von Menschen in dem Konflikt gestorben waren und das Leben der Verbliebenen nie wieder dasselbe sein würde.

John und ich versuchten zusammen ein Leben weit weg von all diesem Schmerz aufzubauen. Ich war fast vom Holocaust bezwungen worden und John hatte seine Eltern an Krebs verloren. Hätten wir unsere Familie in Europa gegründet, wären wir stetig von Geistern umgeben gewesen. Obwohl ich wusste, dass ich ihnen nie wirklich entkommen würde, war es tatsächlich eine Erleichterung an einem neuen Ort von vorne zu beginnen.

Als wir in São Paulo ankamen, hatte John bereits einen Job. England zu verlassen bedeutete für mich auch meine Stelle bei der Bank zu verlassen, da unsere neue Familie ab jetzt meine Priorität sein würde. Ich hatte in absehbarer Zeit nicht vor wieder zur Arbeit zu gehen. Das Leben in Brasilien markierte wahrhaftig einen Neuanfang. Unsere erste Tochter Elizabeth Helene wurde im Juni 1954 geboren.

Wenn man sein erstes Kind bekommt, ist es absolut normal, sich im Angesicht der großen Veränderungen und enormen Verantwortung unsicher zu fühlen. Ich wünschte ich hätte damals meine Mutter bei mir gehabt, um mir beratend zur Seite zu stehen und mich im Leben als Mutter willkommen zu heißen. Doch das war mir genommen worden und ich musste mir alles selbst beibringen.

Das Leben in Brasilien war nicht leicht, da Johns Gehalt allein für uns drei sorgen musste und Inflation ein großes Problem im Land war. Irgendwann wurde ihm eine Stelle an einer multinationalen Firma in New York angeboten, weswegen wir im Dezember 1956 in die USA zogen. Unsere zweite Tochter Judith Marion kam dort im September 1957 auf die Welt, doch schon bald darauf mussten wir wegen Johns Arbeit wieder wegziehen. Im Januar 1959 gingen wir nach Argentinien, wo wir für fünf kurze Monate lebten.

Auch in Argentinien war das Leben nicht einfach. Präsident Juan Domingo Perón war 1955 von einem Putsch abgesetzt worden, war in Paraguay ins Exil gegangen und später nach Spanien gezogen. Argentinien war zum Zeitpunkt unserer Ankunft politisch instabil und Politik kann das Leben der Menschen massiv beeinflussen—wer könnte das besser wissen als ich. Im Mai 1959 gingen wir zurück nach São Paulo in Brasilien, wo Johns Firma eine neue Fabrik eröffnete. Unser Sohn Martin Joseph wurde dort im Jahr 1962 geboren.

Nachdem wir nach São Paulo zurückgekehrt waren, blieben wir auch dort. Ich lebte mich schnell ein und lernte wieder portugiesisch zu sprechen. Ich weiß noch, dass meine Kinder dachten mein Akzent sei merkwürdig, als sie noch klein waren und gerade begonnen hatten zur Schule zu gehen. Sie sagten ich würde komisch reden und baten mich nicht vor ihren Freunden zu sprechen. Ich begann Zeitung zu lesen und die schwierigeren Wörter zu unterstreichen. Dann fragte ich meine Kinder: „Nun, wisst ihr, was dieses Wort bedeutet?" Da es wirklich komplexe Wörter waren, wussten sie nicht, was sie bedeuteten und hörten schon bald damit auf sich über meinen Akzent zu beschweren.

Nach der Geburt meiner Kinder, entschloss ich mich Vollzeitmutter zu sein, um mich um ihre Bildung zu kümmern. So ging ich auch sicher, dass sie sich niemals so fühlten, als würde etwas in unserer Familie fehlen. Trotzdem war mir bewusst, dass sie irgendwann realisieren würden, dass sie keine Großeltern hatten.

Eines Tages geschah das unausweichliche. Meine Kinder fragten mich: „Wo sind alle? Wieso haben wir keine Oma und Opa wie die anderen Kinder?" Ich versuchte zu erklären, was nicht erklärt werden kann, aber sie waren nicht damit zufrieden. Unsere Familienhistorie traumatisierte sie—sie waren schließlich nur Kinder.

Die Tanten meines Mannes und meine Tanten aus England verwöhnten unsere Kinder mit Geschenken und Aufmerksamkeit, waren jedoch trotzdem keine Großmütter. Und wenn wir unsere Urlaubsausflüge in England verbrachten, konnte ich den Kindern auf ihre Fragen über unsere Familie überhaupt nicht antworten, da meine Tanten und mein Onkel nichts von Konzentrationslagern und Tod hören wollten.

Als meine Kinder älter wurden, begannen sie über den Holocaust zu lesen. In der Schule lernten sie nichts darüber—es war als ob es nie geschehen wäre, als ob es nicht Teil der Geschichte war. Sie gingen nicht auf jüdische Schulen, weil John und ich entschieden hatten sie in britischen Schulen einzuschreiben, damit sie zweisprachig aufwuchsen. Es war alles sehr schwer für unsere

Familie, besonders für sie, da sie nur Kinder waren, aber sie waren in der Lage es zu überstehen.

Mein Mann reiste viel für seine Arbeit, daher war ich zuständig für die Erziehung unserer Kinder. Seine Firma bot ihm eine Stelle in Hong Kong an, doch er lehnte ab, weil wir unseren Kindern Stabilität und eine gute Bildung gewährleisten wollten. Statt umzuziehen fand John eine andere Führungsposition in São Paulo, in der er die nächsten sechzehn Jahre verbrachte. John hatte eine gute Stelle in der Firma, doch wir mussten immer aufs Geld achten. Ich half ihm beim Sparen und kümmerte mich zum Beispiel komplett um die Geburtstagsfeiern unserer Kinder, inklusive des Kuchens und der Unterhaltung für ihre Gäste.

Obwohl ich ein glückliches Familienleben führte, konnte ich die Jahre im Konzentrationslager nie vergessen. Überlebende litten von dem Moment, in dem sie das Lager verließen, unter dem Trauma des Geschehenen. Die Entbehrungen von Bergen-Belsen hatten mein Essensverhalten für immer verändert. Bis heute kann ich keine Pasta, nichts frittiertes, kein Weißbrot und nichts in großen Mengen essen. Ich musste an beiden Knien operiert werden, weil der Knorpel abgenutzt war. Einige Ärzte erklärten, dass meine Probleme von einer Fehlbildung der Knochen herrührten, welche durch unzureichende Ernährung während meiner Entwicklungsjahre verursacht wurde.

Egal wie sehr ich körperlich unter den Erfahrungen im Lager leide, glaube ich, dass das gravierendste Trauma in meiner Seele steckt. Ich kann die Schrecken von damals einfach nicht vergessen. Es ist als ob sich in meinem Kopf ständig ein Film wiederabspielen würde, den ich nicht löschen kann.

Trotz dieser fürchterlichen Erinnerungen war ich stark genug weiterzumachen. Es erforderte immense Kraft hinter all den Alpträumen und all der Trauer die Freude am Leben zu finden. Alle Holocaust-Überlebenden schleppen das Trauma dieser grauenhaften Zeit mit sich und jeder von uns muss sich seinen Geistern stellen. Ich bin nie nach Bergen-Belsen zurückgegangen— ich könnte niemals wieder einen Fuß in diesen Ort setzen.

Um in diesen Gedanken nicht unterzugehen hielt ich mich beschäftigt. Ich trug aktiv zur Bildung meiner Kinder bei und kümmerte mich um das Haus, während mein Mann bei der Arbeit war. Als die Kinder noch klein waren, brachte ich sie zu allerlei Aktivitäten: Klavierstunden, schwimmen lernen und alles sonst, was sie ausprobieren wollten. Nachdem sie erwachsen geworden waren und ich bereits Großmutter war, entschied ich mich einen meiner Träume zu erfüllen, welcher auch ein Wunsch meines Vaters gewesen war: Ich verdiente mir einen Universitätsabschluss. Mein Vater hatte gewollt, dass ich Jura studiere, aber ich entschied mich für ein Wirtschaftsstudium.

In den 80ern wurde ich an der *Pontificial Catholic University* in São Paulo angenommen. Obwohl ich schon so lange nicht mehr zur Schule gegangen war, lernte ich für ein ganzes Jahr, um mich auf die Aufnahmeprüfung vorzubereiten und mich auf den Kurs konzentrieren zu können, was die Qualität der Bildung beweist, die ich zuhause und auf der jüdischen Schule erhalten hatte. Ich bin immer stolz auf die Bildung gewesen, die John und ich unseren Kindern ermöglicht haben und ich war sicherlich von dem inspiriert, was mir meine Eltern beigebracht hatten. Sie wurden mir vielleicht früh genommen, doch ich werde ihr Vermächtnis— ihren Charakter—immer bei mir tragen.

Trotz unserer brutalen Familiengeschichte und ihrer Narben führten meine Kinder ein gutes Leben. Familien wie meine waren in ihrer Gesamtheit vom Holocaust gezeichnet und es gab keinen Weg ihn aus der Vergangenheit zu tilgen. Meine Kinder litten darunter, meine Enkel begannen langsam das Familientrauma verstehen zu lernen und meine Großenkel werden sich irgendwann auch damit auseinandersetzen müssen. Es lässt sich nicht vermeiden.

Man würde denken ich hätte zu dem Zeitpunkt genug gelitten, aber das Schicksal bestrafte mich mit einem weiteren verheerenden Ereignis. Im Jahr 2003 verlor ich einen Enkel an eine Lawine in Kanada, wo er mit seiner Familie gelebt hatte. Seine Schule hatte einen Ausflug organisiert und den Schülern, auf völlig verantwortungslose Weise, erlaubt in einer extrem gefährlichen Region wandern zu gehen. Vierzehn Schüler gingen auf den Ausflug, doch nur sieben davon kehrten lebendig zurück. Bis heute hat man deswegen nichts getan und die Schule ist nie wegen ihrer kriminellen Verantwortungslosigkeit bestraft worden.

Es traf jeden in der Familie schwer. Er war Judith Marions Sohn und nur fünfzehn Jahre alt gewesen. Ich dachte, ich könnte nicht noch mehr Schmerz in meiner Lebenszeit ertragen und der Verlust ihres Sohnes hatte vernichtende Auswirkungen auf meine Tochter.

Judith war am Boden zerstört. Sie fragte mich: „Mama, wie hast du all diesen Schmerz in deinem Leben überstanden?" Ich wusste nicht, was ich sagen sollte, denn ich hatte mich nur privat mit dem Geschehen auseinandersetzen müssen. Nachdem ich aus dem Lager befreit worden war, interessierte sich niemand dafür, was Überlebende des Holocaust durchgemacht hatten—dazu kam es erst später. Trotzdem glaube ich, dass mir kein Psychologe der Welt besser dabei hätte helfen können, meine Jahre im Konzentrationslager zu verstehen, als ich selbst. Denn wie soll man verstehen, was nicht zu verstehen ist? Jemand, der den Horror des Holocaust nicht am eigenen Leib erfahren hat, könnte sich niemals vorstellen, wie sich das anfühlte.

Ich war bereits über sechzig Jahre alt, als ich mich endlich entschied über den Holocaust zu sprechen. Das erste Mal war im Jahr 1999, als meine Enkelin in Michigan studierte. Sie war der Meinung, es wäre interessant, wenn ich meine Geschichte teilen würde. Doch selbst danach brauchte ich Zeit, bis ich zur Sprecherin wurde; das passierte nicht über Nacht.

Einer der Gründe, die mich anspornten darüber zu reden, was ich durchgemacht hatte, war die Tatsache, dass sich nur wenige Menschen bewusst waren, was Juden in den Niederlanden angetan worden war. Es gab diesen fehlerhaften Diskurs, welcher die Niederlande als „Zufluchtsort für Juden" darstellte—dabei hatte die Zeit der Besetzung und die darauffolgenden Deportationen das genaue Gegenteil bewiesen.

Viele polnische Überlebende haben sich zum Holocaust geäußert, weil Polen die höchste Zahl an Todesopfern hatte. Von den sechs Millionen verzeichneten Toten waren etwa die Hälfte polnische Juden. Nichtsdestotrotz müssen auch andere Opfer zur Sprache kommen und deswegen entschied ich mich meine Geschichte zu teilen.

Im Jahr 2001 ging ich zurück in die Niederlande, um andere Überlende aus der jüdischen Schule in Amsterdam zu treffen. Genau wie ich waren einige von ihnen in Konzentrationslagern gewesen; andere waren dem Tod entkommen, indem sie vor den Nazis davongelaufen waren. Während dieses Treffens hatte ich ein Wiedersehen mit Theo Coster, welcher mich 2008 wieder in die Niederlande einlud, weil er eine Dokumentation über seine Klassenkameraden und sich filmen wollte. Diese Dokumentation wurde später zu einem Buch adaptiert: „In einer Klasse mit Anne Frank". Jedoch wollten nicht alle daran teilnehmen; einige scheuten sich davor zurück in ihre schreckliche Vergangenheit zu blicken.

Als wir uns zusammen erinnerten, um Theo mit seinem Projekt zu helfen, sprachen wir viel über unsere Zeit in der jüdischen Schule, wo wir uns mit Anne Frank angefreundet hatten, aber auch über unsere persönlichen Erfahrungen während des Holocaust. Unfassbar groß waren unsere Verluste in dieser grausamen Periode der Geschichte. Als Teil der Dokumentation besuchten wir auch das Übergangslager in Westerbork. Ich war dort mit Theo und meinem Mann und ich war überrascht zu sehen, wie sie die farblose Landschaft in ein grünes Feld verwandelt hatten, wo Kinder mit ihren Fahrrädern fahren konnten. Doch das Lächeln auf den Gesichtern dieser Kinder konnte die dort erfahrene Trauer nicht bezwingen. Die meisten, die an diesen Ort deportiert worden waren, hatten nie die Möglichkeit ihn noch einmal in Freiheit zu besuchen. Zu ihnen gehörten auch meine Eltern und mein Bruder.

Heute besuche ich Schulen und Universitäten in ganz Brasilien, um über meine Vergangenheit zu sprechen. Ich reise deswegen viel. Die Geschichten, die ich zu teilen habe, sind nicht schön, besonders nicht für mich. Aber ich werde weiter im Namen derer sprechen, die keine Stimme mehr haben, im Namen derer, die ihr Leben auf so brutale, unbegreifliche Art verloren haben, als die Nazis über Europa hinwegfegten.

Ich habe Spaß daran vor einem Publikum zu sprechen, vor allem wenn es sich um ein junges Publikum handelt, da der Zweite Weltkrieg für sie ein so weit entferntes, abstraktes Ereignis darstellt. Doch gleichzeitig ist es nicht einmal hundert Jahre her. Junge Menschen fühlen das Ausmaß des Schreckens, wenn sie jemanden direkt vor sich stehen sehen, der aus erster Hand erzählt, wie es war.

Ich werde nie in der Lage sein zu akzeptieren und überwinden, was mir angetan wurde, doch ich werden den Rest meines Lebens darüber sprechen, damit niemand je sagen kann, es sei nicht passiert, damit die Welt niemals vergisst wie viel Schmerz Intoleranz bringen kann. Ich widme mein Leben diesem Kampf und werde bis zu meinem eigenen Ende nicht aufhören.

NACHWORT

Der Holocaust resultierte in der Vernichtung von sechs Millionen Juden—unschuldige Menschen, die von einem Tag auf den anderen als Kriminelle betrachtet und ihrer Rechte beraubt wurden. Meine Familienmitglieder gehören zu diesen Opfern. Ich hatte Glück—oder vielleicht war es tatsächlich ein Wunder—und konnte überleben, mir eine neue Realität aufbauen. Es war nicht einfach; ich musste unvorstellbares Leid überstehen.

Trotz der Verluste, die ich auf meinem Lebensweg erfahren habe—den Verlust von geliebten Menschen, von Eigentum und Heimat—fand ich die Kraft und Motivation weiterzumachen. Die Suche nach Freude verlangte mir alles ab, doch ich gab den Kampf nie auf, egal was sich mir entgegenstellte. Wenn andere meine Geschichte hören, fragen sie mich, ob ich jemals hoffnungslos war, aber ich antworte ihnen, dass ich dazu keine Zeit hatte. Schließlich musste ich überleben.

In den drei Jahren, die ich im Santpoort Genesungsheim verbrachte, war ich vollkommen entkräftet und fragte mich, ob ich jemals wieder ein normales Leben führen würde. Und das nachdem ich den Tod meiner Familie hatte betrauern müssen und ganz allein auf der Welt war. Doch ich ließ den Kopf nicht hängen und stellte mich der Zukunft. Ich hörte nie auf zu kämpfen; für mein Recht zu leben und glücklich zu sein.

Was ich am meisten zu erreichen versuche, wenn ich mich an ein junges Publikum richte, ist ihnen zu verstehen zu geben, dass unser Blick über das hinausgehen muss, was das Leben uns in den Weg stellt. Wir können nicht immer schöne und komfortable Momente genießen, doch jede Herausforderung kann uns stärker machen und auf die Zukunft vorbereiten. Wenn uns etwas schlimmes passiert, können wir nicht einfach aufgeben—wir müssen uns jedes Mal aufs neue aufrichten und weiterkämpfen. Meine Freiheit war mir zum Beispiel Jahre lang genommen worden. Mir wurden grundlegende Bedürfnisse und eine gute Bildung verwehrt, aber ich schaffte es trotzdem mir ein erfolgreiches Leben aufzubauen.

Indem ich meine Geschichte auf diesen Seiten mit der Welt teile, hoffe ich dabei zu helfen, dass niemand je vergisst, was in dieser grauenhaften Periode unserer Geschichte geschehen ist, damit die Leute verstehen, dass ein friedliches Zusammenleben die Grundlage für eine glückliche Existenz und Menschlichkeit ist. Im Zweiten Weltkrieg waren es wir Juden, die leiden mussten. Wenn wir nicht daraus lernen, ist eine andere Gruppe vielleicht schon bald die nächste. Ich darf das nicht geschehen lassen und deswegen erzähle ich hier meine Geschichte im Namen aller, die ihrer Stimmen beraubt wurden, so wie meine Eltern und mein Bruder.

Nach einer so langen Zeit in Gefangenschaft hatten sich meine Werte verändert. Die einfachen Dinge des Lebens, welchen ich zuvor nicht viel Aufmerksamkeit geschenkt hatte, bedeuteten mir danach sehr viel. Es ging dabei um meine Würde! Haben Sie sich jemals Gedanken darüber gemacht, was für ein Privileg es ist, eine Familie und ein gemütliches Zuhause zu haben? Genug Essen, um nicht zu hungern, ein Handtuch zum Abtrocknen, ein warmes Bett für die Nacht? Das mag alles sehr banal klingen und wir wissen es zumeist nicht zu schätzen. Deswegen würde ich Sie gerne um etwas bitten: Seien Sie glücklich und dankbar für jeden kleinen Aspekt ihres Lebens, für ihre Gesundheit und die Nähe der Menschen, die Sie lieben. Das sind genug Gründe zur Freude.

Unser höchstes Gut ist die Freiheit—Bewegungsfreiheit, Glaubensfreiheit, die Freiheit man selbst zu sein. Es gibt nichts, was den Menschen mehr einschränkt, als ihm zu verbieten er selbst zu sein. Wir müssen unsere Identität wertschätzen. Doch wir müssen auch dafür einstehen, dass jeder andere seine Freiheit ausleben kann—eine Art von Freiheit, die keinen verdrängt, die niemanden verneint, damit wir alle frei und auch glücklich sein können.

Man sagte mir ich sei weniger wert, weil ich Jüdin war, aber ich habe das nie geglaubt. So wie sie es den Juden antaten, unterdrückten die Nazis auch andere Gruppen, wie Roma, Homosexuelle, Behinderte und andere Minderheiten, die nicht in ihre Ideologie der reinen Rasse passten. Ich habe nie an die Überlegenheit einer Art von Person geglaubt, denn wenn wir unsere kulturellen Eigenheiten beiseite nehmen, teilen wir alle den selben Kern. Deswegen möchte ich verhindern, dass sich Menschen als minderwertig empfinden, damit sie sich den Machthungrigen dieser Welt niemals ergeben, damit sie ihre Freiheit niemals verlieren.

Aus diesem Grund schrieb ich dieses Buch im Namen der Freiheit und Toleranz. Ich schrieb dieses Buch auch in Andenken an meine Eltern und meinen Bruder, wegen der Ungerechtigkeit, die zu ihrem Tod führte, und weil ich weiß, dass sie an meiner Stelle dasselbe getan hätten. Das Schicksal hat bestimmt, dass ich es bin, die heute hier ist, doch ich werde ihr Vermächtnis niemals in Vergessenheit geraten lassen—so wie das Vermächtnis all derer, die dem Holocaust zum Opfer gefallen sind. Ich möchte hiermit Zeugnis ablegen und so jenen eine Stimme geben, die zum

Schweigen verdammt wurden und ihre Geschichten und ihr Leid nicht teilen können.

Obwohl wir so häufig „Nie wieder!" rufen, ist der Mensch noch immer ständig in Kriege—und zwar ungerechte Kriege—verwickelt und scheint sich dem Wert eines jeden Lebens nicht bewusst. Und genau deswegen ist der Holocaust auch heute noch ein aktuelles Thema, welches wir niemals vergessen dürfen.

Es ist jetzt über siebzig Jahre her, dass ich aus Bergen-Belsen befreit wurde und das Horrorlager verlassen konnte. Doch ich erinnere mich noch genau an alles, was ich in diesem Gefängnis durchgemacht habe. Um zu verhindern, dass andere jemals dasselbe erleben müssen, möchte ich meinen Stempel auf dieser Welt hinterlassen. Ich erhoffe mir, dass jeder, sowohl jung als alt, ein glückliches Leben genießt und seinen Mitmenschen immerzu Toleranz und Respekt zeigt.

BILDER

Nanette als Baby.

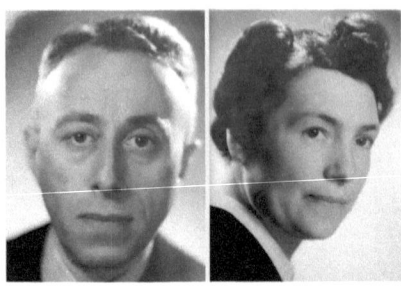

Trotz des tragischen Todes des vierjährigen Willem hatte die Familie Blitz vor dem Krieg ein glückliches Leben genossen. Oben links ist Nanettes Vater zu sehen, Martijn Willem Blitz. Rechts daneben ist ihre Mutter Helene. Links unten ist der erstgeborene Sohn Bernard Martijn abgebildet. Daneben ist der kleine Willem, welcher mit einer Herzkrankheit geboren wurde.

Nanette (dritte Reihe, ganz rechts) auf ihrem alljährlichen Grundschulfoto.

Dieses Schulbuch beinhaltet Nanettes Erinnerungen aus der Grundschule. Es wurde von ihren Nachbarn gefunden und aufbewahrt, nachdem Familie Blitz im September 1943 brutal aus ihrem Haus gezerrt wurde.

Die achtjährige Nanette (rechts von ihrem Lehrer) mit ihren Lehrern und Klassenkameraden in der Grundschule. Zu der Zeit wurden Schulen in den Niederlanden nicht getrennt, also durften Juden und Christen zusammen lernen.

Farbenfrohe Zeichnungen der neunjährigen Nanette.
Sie war ein glückliches Kind und genoss ein ruhiges
Leben in Amsterdam.

Nanette (ganz links) und ihre Freundinnen in
traditioneller, niederländischer Kleidung.

Oben Nanette. Darunter Anne Frank. Beide Fotos stammen aus der Zeit, in der sie zusammen in die jüdische Schule gingen. Die Bilder zeigen leichte Ähnlichkeiten zwischen den beiden Klassenkameradinnen. Nanette war dabei als Anne ihr berühmtes Tagebuch geschenkt bekam und wurde darin als „E.S." identifiziert.

Nanette und ihre Familie feiern den Jahrestag ihrer Eltern. Unter den Anwesenden waren ihre Großeltern, Onkel und Tanten, welche später auch unter den Schrecken des Holocaust leiden sollten. Wie Familie Blitz waren Millionen von Juden vom Holocaust betroffen.

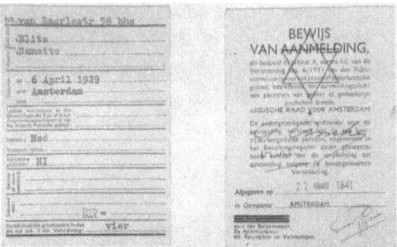

Mit Hilfe der Judenräte erhoben die Nazis Einschränkungen für niederländische Juden. Nanettes Papiere vom 22. März 1941 weisen sie als Jüdin aus. So begann für viele der Horror des Holocaust.

Der gelbe Davidstern, den Nanette tragen musste, um sich als Jüdin zu markieren. Sie hat ihn bis heute behalten.

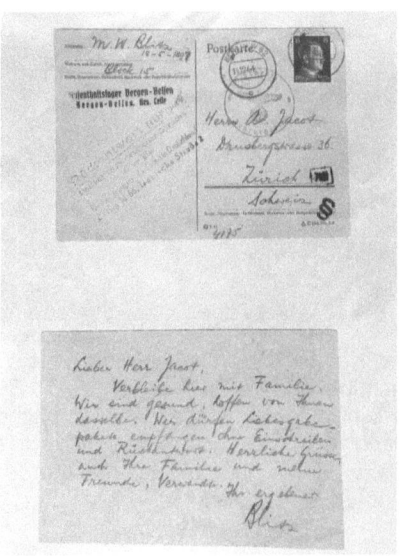

Nanettes Vater war es erlaubt worden diese Postkarte aus Bergen-Belsen an einen schweizerischen Banker zu schicken, welcher es an ihre Tante in England sendete. Es ist unbekannt zu welchem Zweck sie abgeschickt wurde. Vielleicht versuchte er die Freilassung seiner Familie auszuhandeln.

Die Befreiung von Bergen-Belsen im April 1945. Blick auf das Lager Nummer 1 von einem Wachturm. Foto: Wikimedia.

Josef Kramer floh nicht, wie viele andere SS-Wachen, bevor die britischen Truppen in Bergen-Belsen eintrafen und wurde verhaftet, nachdem er die Situation im Lager erklärt hatte. Er zeigte keinerlei Reue für die von ihm begangenen Morde und behauptete er hätte „nur Befehle befolgt". Foto: Wikimedia.

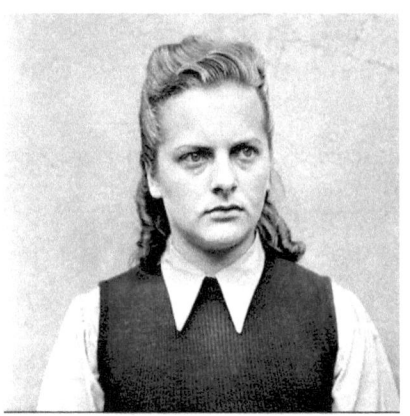

Irma Grese war eine der grausamsten SS-Wachen des Holocaust. Sie wurde für ihre Misshandlungen von weiblichen Gefangenen gefürchtet. Mit zweiundzwanzig Jahren wurde sie für ihre Verbrechen während des Zweiten Weltkrieges gehängt. Polizeifoto von Bergen-Belsen-Wache Irma Grese (1923-1945) vom August 1945 in Celle, wo sie auf ihre Verurteilung wartete. Foto: Wikimedia.

Die Befreiung von Bergen-Belsen im April 1945. Männer der *11th Light Field Ambulance* des *Royal Army Medical Corps*, ausgestattet mit Schutzkleidung, evakuieren Insassen aus einer der Hütten in Belsen. Picture: Wikimedia.

Die Befreiung von Bergen-Belsen im April 1945. Blick auf das Lager Nummer 1 von einem Wachturm. Foto: Wikimedia.

Die Befreiung von Bergen-Belsen im April 1945. Die SS-Wachen werden gezwungen die Leichen von Gefangenen auf einen Lastwagen zu laden. Foto: Wikimedia.

Grabstein von Anne Frank und ihrer Schwester Margot Frank in Bergen-Belsen. Foto der Verlegerin (2017).

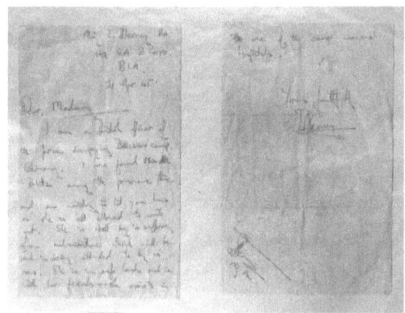

Ein Brief vom 21. April 1945, verfasst von Major Leonard Berney und gerichtet an Nanettes Familie in England: „Sehr geehrte Dame, Ich bin ein britischer Offizier der Streitkraft, welche das Belsen-Lager in Deutschland besetzt hält. Unter den dortigen Gefangenen habe ich Nanette Blitz aufgefunden und schreibe ihnen, um sie darüber zu informieren, da es ihr selbst noch nicht erlaubt ist zu schreiben. Ihr geht es gut, aber sie leidet an Mangelernährung, worum wir uns aber bereits kümmern. Sie ist in sicheren Händen und von Freunden umgeben – sie hilft in einem Frauenkrankenhaus des Lagers aus. Hochachtungsvoll, L Berney."

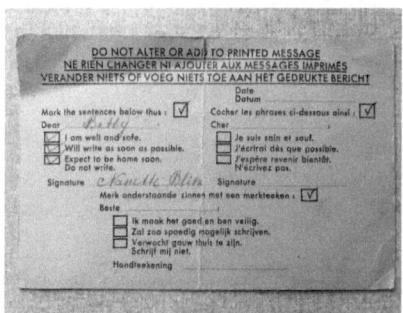

Der Standardbrief, welcher Nanettes Tante zugeschickt wurde, um sie darüber zu informieren, dass es ihrer Nichte gut ging.

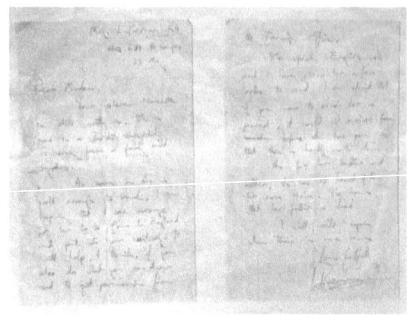

Der zweite Brief von Leonard Berney an Nanettes Familie in England, vom 22. Mai 1945: „Sehr geehrte Dame, Ihre Nichte Nanette ist noch immer bei uns. Sie befindet sich jetzt in einem britischen Krankenhaus und erholt sich von einem milden Typhusinfekt. Sobald sie gesund genug ist, versuche ich für sie einen Flug zu Ihnen nach England zu organisieren. Ich denke, es wäre hilfreich, wenn sie alles Ihnen mögliche tun würden, um eine Erlaubnis vom Auswärtigen Amt zu erlangen. Sie spricht gutes Englisch und ich habe ihr ein paar Bücher zum Lesen gegeben. Ich befürchte, dass ein Paket von Ihnen nicht rechtzeitig hier ankommen würde, bevor Nanette abreist und es daher keinen Sinn macht eines herzuschicken. Von ihrem Bruder und ihrer Mutter hat sie schon seit längerem nichts mehr gehört. Sie weiß, dass ihr Vater tot ist. Ich schreiben Ihnen wieder, sobald es weitere Neuigkeiten gibt. Hochachtungsvoll, L Berney."

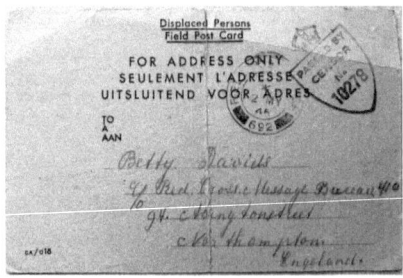

Nanettes Karte für *Displaced Persons*. Nach dem Zweiten Weltkrieg reisten Überlebende in alle Richtungen Europas, um in ihre Länder heimzukehren.

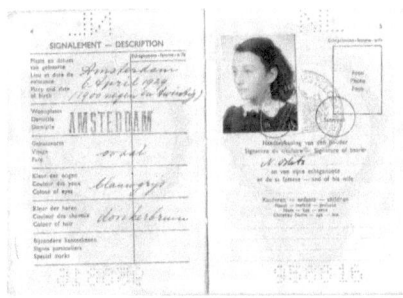

Nach ihrer Befreiung reiste Nanette am 24. Juli 1945 zurück in die Niederlande nach Eindhoven, wie hier in ihrem Pass vermerkt.

Zweiundzwanzig Jahre alte Nanette im Juni 1951 in England. Dieses Foto wurde von John Konig an ihrem ersten Date geschossen.

Nanette und John Konig am Tag ihrer Hochzeit im August 1953.

Nanette und John Konig am Tag ihrer Hochzeit im August 1953 (Nahaufnahme).

Nanette und John an ihrem fünfzigsten Hochzeitstag in Brasilien, zusammen mit ihren Kindern Martin Joseph, Elizabeth Helene und Judith Marion.

Im Jahr 2009 brachte ein niederländischer Fernsehsender Anne Franks überlebende Klassenkameraden zusammen, um ihr ihren Respekt zu zollen. In dem selben Jahr wäre Anne achtzig geworden. Die Dokumentation war so erfolgreich, dass sie mehrmals im Fernsehen wiederholt wurde. Unter den Anwesenden sind Nanette in der Mitte und Danka in rot. Im Jahr 1941 hatte Danka Nanette erzählt, dass die Deutschen Juden in Polen durch Erstickung töteten. Damals war das noch schwierig zu glauben gewesen.

Nanette und ihr Mann John.

Nanette und John vor einem Grabstein für im Holocaust umgekommene Angehörige auf dem Friedhof von Muiderberg (in den Niederlanden).

AMSTERDAM PUBLISHERS
HOLOCAUST BIBLIOTHEK

Die Reihe **Holocaust Überlebende erzählen** besteht aus den folgenden Geschichten von Überlebenden:

Holocaust Erinnerungen von Hank Brodt: Eine Kerze und ein Versprechen, von Deborah Donnelly

Wie wird der vierzehnjährige Junge die Grausamkeiten auf sich alleingestellt überleben und seine Menschlichkeit behalten können?

Diese schockierenden Erinnerungen des Holocaust-Überlebenden Hank Brodt (1925-2020) zeigen persönliche Einblicke in die innere Welt eines Jungen unter der Herrschaft des Nazi-Regimes. Sie offenbaren fürchterliche Wahrheiten auf ehrliche und sachliche Art und Weise.

Hank Brodt durchlebte eine der dunkelsten Abschnitte in der Menschheitsgeschichte: Er überlebte den Zweiten Weltkrieg. In eine arme Familie in Boryslaw (Polen) hineingeboren, wurde er in ein Waisenhaus gegeben. Hanks Kindheit zerbricht, als die Nazis Polen gewaltsam an sich reißen. In den darauffolgenden Jahren kämpft er täglich um sein Überleben und mit dem Verlust seiner gesamten Familie. Seine Welt bestand aus stillem Widerstand, unsichtbaren Tränen und stillen Schreien, während er Arbeitslager und Konzentrationslager durchquerte, darunter eines, welches aus Schindlers Liste bekannt ist.

Es ist schwer vorstellbar, dass jemand, der solch schreckliche Ereignisse mitmachen musste, weiterleben und ein Leben in Dankbarkeit leben konnte- und das bis heute. Mithilfe seines standhaften Mitgefühls für andere, gelang es Brodt, seine Menschlichkeit zu behalten und weitermachen zu können.

Hank Brodts Holocaust-Memoire ist eine notwendige Erinnerung an eine der schlimmsten Zeiten in der Menschheitsgeschichte.

Rette meine Kinder: Vom Überleben und einem unwahrscheinlichen Helden, von Leon Kleiner und Edwin Stepp

Ein jüdischer Junge und seine Geschwister fliehen einer von Hass zerstörten Welt. Ein berüchtigter, brutaler Antisemit, der Juden jagt. Wieso riskiert dieser Mörder sein Leben, um das der Kinder zu retten?

Ein Elfjähriger und seine Geschwister kämpfen nach dem Einmarsch der Nazis in Polen um ihr Überleben. Wieder und wieder gelingt es ihnen, dem sicheren Tode zu entkommen, als die mörderischen Faschisten versuchen, ihre Heimatstadt Tluste für judenrein zu erklären. Doch es scheint, das Glück habe sie verlassen, als die Deutschen den Befehl geben, ihr Arbeitslager zu liquidieren.

Unerwartete Hilfe kommt von Timush, einem Mann, der für seine abscheulichen Taten gegen Juden bekannt ist. Nachdem er den Ruf ihrer Mutter: „Rette meine Kinder!" vernimmt, als sie zu ihrer Hinrichtung marschiert wird, setzt Timush alles daran, das Leben der Kinder zu retten und wenn es das eigene Leben ist.

Rette Meine Kinder ist eine wahre Geschichte über die Verwandlung eines Mannes, der einst von Hass und Gewalt getrieben war. Dieser Mann erbringt das höchste Opfer, um jene zu retten, die er einst töten wollte.

Gewinner der International Impact Book Awards 2011 in der Kategorie Life Experiences.

Aufschrei gegen das Vergessen: Erinnerungen an den Holocaust, von Manny Steinberg

Manny Steinberg (1925-2015) verbrachte seine Jugendzeit in den Konzentrationslagern Auschwitz, Vaihingen an der Enz und Dachau. Steinberg war insgesamt sechs Jahre in diesen Konzentrationslagern interniert und nahm sich nach seiner Befreiung vor, seine Autobiographie *Aufschrei gegen das Vergessen. Erinnerungen an den Holocaust* zu schreiben. Damit erfüllte er sich ein selbst auferlegtes Versprechen. Es dauerte zehn Jahre, bis er seine Lebensgeschichte zu Papier gebracht hatte und jetzt wird "Aufschrei gegen das Vergessen" von so vielen Lesern auf der ganzen Welt gelesen. Es erfüllt den Autor mit Dankbarkeit, dass seine Stimme gehört wird. Steinberg wollte Deutschland nie wieder besuchen, änderte aber jüngst seine Meinung im April 2015.

Der 90-jährige wurde mit weiteren sieben Überlebenden eingeladen, um an der Gedenkfeier zur 70-jährigen Befreiung des Konzentrationslagers Vaihingen an der Enz beizuwohnen, dem letzten Konzentrationslager, in dem Steinberg inhaftiert war. Begleitet wurde er auf dem für ihn sehr bewegenden Besuch von seiner Familie und von Freunden. Er besuchte mit ihnen auch das Konzentrationslager Dachau.

Steinbergs Lebensgeschichte umfasst das Wunder, wie ein Mann dazu bestimmt war zu überleben. Das Buch ist einerseits zwangsläufig ein Bericht menschlicher Grausamkeit, andererseits ein Zeugnis der Kraft von Liebe und Hoffnung. Durch die Veröffentlichung seiner Holocausterinnerungen wollte der Autor sicherstellen, dass auf der Welt niemals vergessen wird, was sich während des Zweiten Weltkriegs ereignete. Steinberg's eindrücklich geschilderte Erinnerungen gewähren historische Einblicke und beeindrucken als Plädoyer für Gerechtigkeit und Menschlichkeit in jeder Generation!

„Es vergeht kein Tag, an dem ich nicht an meine Kindheit oder an meine Familie denke, aber so lange es mir erlaubt ist, auf dieser Erde zu sein, wache ich jeden Morgen mit dem Gefühl von Glück und Segen auf."

"Als die deutschen Soldaten die Menschen töteten, die ich liebte, erkannte ich, dass mein Lebenszweck nicht bloß darin bestand auf der Welt zu sein, sondern zu leben."

Tote Jahre: Eine jüdische Leidensgeschichte, von
Joseph Schupack

Vierzig Jahre danach erinnert sich ein in Polen aufgewachsener Jude an die Jahre der Verfolgung. Er beschreibt das Leben in Radzyn, einer typisch jüdischen Shtetl-Gemeinschaft im damaligen polnischen Generalgouvernement, dem Vorhof von Treblinka, Majdanek und Auschwitz, und dann den Untergang dieser Welt, wie er ihn, gerade 17 geworden, erlebt hat: mit zunehmenden Schikanen, ständiger Bedrohung, Grausamkeiten und nackter Gewalt; mit der Verschleppung und Ermordung der Geschwister, Eltern, Freunde; mit der Ausrottung einer ganzen Volksgemeinschaft.

Er beschreibt den eigenen Leidensweg und den verzweifelten Kampf ums Überleben, seine Erlebnisse in den Ghettos, in Majdanek, Auschwitz und anderen Konzentrationslagern wie Dora-Nordhausen und Bergen-Belsen. Er beschreibt seine Begegnungen mit Leidensgenossen, Kindern und Erwachsene, Gläubigen und Ungläubigen, Mutigen und Müdegewordenen, Hungrigen, Kranken, Erniedrigten. Es sind die Stimmen der Opfer, die er zu Gehör bringt. Das macht diesen nüchternen, um Wahrheit bemühten Bericht zur eindringlichen Anklage gegen den Wahnsinn des Antisemitismus.

"Ein unbeschreibliches Zeugnis der Grausamkeit, welches tiefe und ungeschönte Einblicke in die Abgründe des unmenschlichen Leidens und Sterbens in der Hölle zulässt."

Holocaust Memoiren einer Bergen-Belsen Überlebenden. Klassenkameradin von Anne Frank, von Nanette Blitz Konig

Ein Denkmal zu Ehren des unverwüstlichen menschlichen Geistes

In diesen eindrücklichen Holocaust Memoiren schildert Nanette Blitz Konig ihre erstaunliche Überlebensgeschichte vom Zweiten Weltkrieg, während dem ihre Familie und Millionen andere Juden von den Nazis inhaftiert wurden und in hoffnungsloser Gefangenschaft lebten. Nanette ging auf das Joods Lyceum (jüdische Schule) in Amsterdam und war eine Klassenkameradin von Anne Frank. Sie sahen sich in Bergen-Belsen wieder, kurz bevor Anne starb. Während dieser emotionalen Treffen erzählte Anne, wie sich ihre Familie in einem Hinterhaus versteckte, von der Deportation, von ihrer Zeit in Auschwitz und von dem Plan ihr Tagebuch nach dem Krieg zu veröffentlichen. Diese ehrliche Geschichte vom Zweiten Weltkrieg beschreibt den durchgehenden Kampf ums Überleben, unter den brutalen, von den Nazis auferlegten, Bedingungen im Konzentrationslager. Darauf folgt Nanettes langer Weg zur Genesung nach dem Krieg und ihr harter Kampf gegen die Auswirkungen von Hunger und Krankheit. Sie erzählt davon, wie sie sich Stück für Stück ein neues Leben aufbaute, heiratete und eine Familie gründete.

Preisgekrönte Autorin und Holocaust-Überlebende Nanette Blitz Konig (geboren im Jahr 1929) ist dreifache Mutter, sechsfache Großmutter und vierfache Urgroßmutter. Sie lebt in der brasilianischen Stadt São Paulo.

Ihre Holocaust Memoiren sprechen im Namen jener Millionen von Menschen, die ihrer Stimme für immer beraubt wurden.

Liebesgrüße aus Auschwitz : Die inspirierende
Geschichte des Überlebens, der Hingabe und des
Triumphs zweier Schwestern Erzählt von Manci
Grunberger Beran, von Daniel Seymour

Mukačevo in der Tschechoslowakei. Zwei junge Mädchen, Manci und Ruth Grunberger, wachsen zusammen mit ihren sechs Geschwistern in einer liebevollen, jüdischen Familie am Fuße der Karpaten auf, eine friedliche Region, bis sie von Ungarn im Jahr 1938 annektiert wird.

Sowie der Zweite Weltkrieg über Europa hinwegfegt, rückt das Territorium immer mehr in den Fokus der Nazi-Endlösung. Familie Grunberger wird nach Auschwitz deportiert, wo Josef Mengele darüber entscheidet, wer lebt und wer stirbt. Manci und Ruth verlieren ihren Vater, ihre Mutter und alle sechs Geschwister an die Gaskammern.

Die beiden Schwestern überleben sieben Monate in Auschwitz und einen fünfmonatigen Todesmarsch durch die Sudeten unter der Aufsicht von brutalen SS-Wachen, bevor sie nahe der dänischen Grenze gerettet werden. Verwandte aus Philadelphia hören von ihrem Überleben und kurz darauf sind Manci und Ruth unter den ersten Flüchtenden des Holocaust, die in die Vereinigten Staaten auswandern.

Aus diesen traumatischen Anfängen erblühen zwei erfüllte Leben. Die Schwestern haben unterschiedliche Werte, Interessen und Bewältigungsmethoden und doch wird das persönliche Band zwischen den beiden—die selbstlose, bedingungslose Liebe zueinander—über die Jahre hinweg nur noch stärker.

Ihre einzelnen Memoiren—erzählt in der ersten Person und begleitet von historischem Kontext—kommen zusammen, um ein erstaunliches Bild von Widerstandsfähigkeit und Überlebenswillen zu erschaffen. Ein Triumph des menschlichen Geistes, der sich über neun Jahrzehnte erstreckt.

Holocaust Erinnerungen: Vernichtung und Überleben in der Slowakei, von Paul Davidovits

Diese Holocaust Memoiren begannen mit einem Fotoalbum, einem der wenigen Familienbesitztümer, die den Zweiten Weltkrieg überlebten. Nach dem Tod seiner Mutter ging das Album in den Besitz von Paul Davidovits über, dem bewusst wurde, dass er die einzig noch lebende Person war, die sich noch an die Menschen auf den Fotos, an ihre Beziehungen zueinander und an ihre Lebenswege erinnern konnte.

Davidovits erzählt nun die Geschichten der Bewohner seiner verlorenen Welt und führt uns durch seine Kindheit. Er schildert nicht nur eindrucksvoll den erschütternden und traumatischen historischen Verlauf, sondern schwelgt auch in den ergreifenden Momenten, die geprägt sind von Liebe, Mut, Großzügigkeit und Humor.

Davidovits' Geschichten sind einzigartig und fein geschliffen. Obwohl seine Memoiren persönlich sind, schwingt in seinen lebhaften Beschreibungen des Überlebens und des menschlichen Geistes, im Angesicht von Unmenschlichkeit und scheinbar unüberwindbaren Hindernissen, etwas Universelles mit, das für jede kommende Generation relevant bleiben wird.

Mein Marsch durch die Hölle. Die erschreckende
Überlebensgeschichte eines jungen Mädchens, von
Halina Kleiner und Edwin Stepp

Ein junges Mädchen ist plötzlich auf der Flucht vor den Nazis in ihrer Heimatstadt in Polen. Nachdem sie eine Aktion überlebte, mit der Czestochowa vollständig judenrein gemacht werden sollte, versuchen sie und ihr Vater in den späten Nachtstunden zurück nach Hause zu gelangen.

Als sie von einem Polizisten angesprochen werden, läuft Halina unerklärlicherweise von ihrem Vater weg und beginnt ihren langen Weg des Überlebens. Als sie es leid ist zu fliehen, meldet sie sich freiwillig für ein Arbeitslager. Diese Entscheidung verschafft ihr etwas Zeit, denn die Deutschen benötigen dringend Arbeitskräfte für die Kriegsanstrengungen. Halina arbeitet vom Herbst 1943 bis Januar 1945 in drei verschiedenen Lagern. Zunächst sind die Lager erträglich, auch wenn die Häftlinge hart arbeiten müssen und nur wenig zu essen bekommen. Aber mit der sich anbahnenden Kriegsniederlage der Deutschen verschlechtern sich auch die Bedingungen. Die Juden werden von Krankheiten heimgesucht und ihre Peiniger werden immer grausamer.

Als klar wird, dass der Krieg verloren ist, räumt die SS die Lager und schickt über 2.000 Frauen auf einen vier Monate langen Marsch, bei dem die Häftlinge in einem der kältesten Winter Europas über 800 Kilometer zurücklegen. Halina war eine von nur etwa 300 Frauen, die den Todesmarsch von Volary überlebten, und entschloss sich schließlich dazu, ihre höllische Überlebensgeschichte zu Papier zu bringen.

Das Cello singt noch immer. Eine generationsübergreifende Geschichte vom Holocaust und der transformativen Macht der Musik, von Janet Horvath

Eine gewaltige Geschichte von drei Generationen im Schatten des Holocaust. „Das Cello singt noch immer" ist die mitreißende, bewegende und wahre Darstellung einer persönlichen Entdeckungsreise durch die Vergangenheit. Als Kind leidet Janet unter der bedrückenden Stille um die Erfahrungen ihrer Eltern. George und Katherine, zwei professionelle Musiker und Überlebende des Holocaust, haben ihre Erinnerungen aus dem Zweiten Weltkrieg begraben, damit sie selbst leben können. Nur in der Musik drücken sich ihre versteckten Emotionen aus.

Nach fünf Jahrzehnten der Geheimnisse fällt Janet plötzlich eine Offenbarung in den Schoß und sie beginnt den schweren Weg zur Erkundung ihres schrecklichen Erbes. Sie erfährt, dass ihr Vater nach dem Krieg mit einem zwanzigköpfigen Orchester aus ehemaligen Konzentrationslagerinsassen in ganz Bayern aufgetreten war. Obwohl Janet selbst Cellistin geworden ist, hatte ihr Vater bis dahin nie davon erzählt. Zwei dieser Konzerte wurden im Jahr 1948 von dem legendären amerikanischen Maestro Leonard Bernstein dirigiert.

Janets Vater hatte mehr Glück als die meisten. Er wurde zur Zwangsarbeit in den Kupferminen von Bor ausgesucht und entging somit der Deportation in ein Vernichtungslager. Im Arbeitslager erhielt er ein Paar Handschuhe von einer Nazi-Wache, die der Musik besonders zugetan war, damit er seine Cello spielenden Hände schützen konnte.

Janets Memoiren sind ergreifend und erleuchtend. Durch eine Prise Humor und Anekdoten, die nur so vor Leben sprühen, verwebt sie die Leben ihrer Eltern mit dem ihren und fängt die Intensität ihrer Lebenserfahrungen authentisch ein. Die tiefliegenden Wunden der Familie werden durch die heilende Kraft der Musik geschlossen und ihre musikalische Schaffung verbindet Menschen von Generation zu Generation.

Der Lehrling Buchenwalds. Die wahre Geschichte eines Jugendlichen, der Hitlers Kriegsmaschine sabotierte, von Oren Schneider

Alexander Rosenberg ist ein intelligenter, neugieriger Jugendlicher, der viele Sprachen spricht, seine Briefmarkensammlung hegt und pflegt, Geige spielt und ein behütetes Leben mit seinen wohlhabenden Eltern in einer friedlichen Stadt in der Tschechoslowakei lebt. Der Aufstieg des Faschismus und Nazi-Deutschlands bringt seine behütete Existenz ins Wanken, wie auch jegliche Illusion einer Assimilation säkularer Juden im Europa der 1930er.

Mit den letzten finanziellen Mitteln und Kontakten tauchen die Rosenbergs unter – auf der Flucht vor der Gestapo. Verraten, verhaftet und nach Buchenwald verschleppt, dem größten Konzentrationslager Deutschlands, sind Alexander und sein Vater zur Kollaboration gezwungen, um einen Tag nach dem anderen zu überleben. Chaos befördert Alexander ins Herz einer großangelegten Sabotage. Als sein Vater bei einem Luftangriff schwer verwundet wird und verschwindet, obliegt es Alexander, durch Bestechungsmittel, Kriegsintrige und Talent das Leben seines Vaters zu retten.

Diese wahre Geschichte über innere Stärke, Einfallsreichtum und Optimismus wurde von Alexanders Enkel, Oren Schneider, dokumentiert und geschrieben. Sie ist Menschen weltweit gewidmet, die nicht aufgeben wollen.

www.ingramcontent.com/pod-product-compliance
Lightning Source LLC
LaVergne TN
LVHW041944070526
838199LV00051BA/2904